空家対策特措法改正法
〔令和５年〕

法律･新旧対照条文等

〈重要法令シリーズ097〉

信山社
4397-0101

＜目　次＞

＊ページ数は上部にふられたもの

◈空家等対策の推進に関する特別措置法の一部を改正する法律
〔空家対策特措法改正法〕

（令和5年6月14日法律第50号／令和5年12月13日までに施行）

空家等対策の推進に関する特別措置法の一部を改正する法律（令和五年法律第五十号）

空家等対策の推進に関する特別措置法（平成二十六年法律第百二十七号）の一部を次のように改正する。

題名の次に次の目次及び章名を付する。

目次

第一章　総則

第二条第一項中「含む」の下に「。第十四条第二項において同じ」を加える。

第三条及び第四条を次のように改める。

（国の責務）

第三条　国は、空家等に関する施策を総合的に策定し、及び実施する責務を有する。

2　国は、地方公共団体その他の者が行う空家等に関する取組のために必要となる情報の収集及び提供その他の支援を行うよう努めなければならない。

3　国は、広報活動、啓発活動その他の活動を通じて、空家等の適切な管理及びその活用の促進に関し、国民の理解を深めるよう努めなければならない。

（地方公共団体の責務）

第四条　市町村は、第七条第一項に規定する空家等対策計画の作成及びこれに基づく空家等に関する対策の実施その他の空家等に関して必要な措置を適切に講ずるよう努めなければならない。

2　都道府県は、第七条第一項に規定する空家等対策計画の作成及び変更並びに実施その他空家等に関しこの法律に基づき市町村が講ずる措置について、当該市町村に対する情報の提供及び技術的な助言、市町村相互間の連絡調整その他必要な援助を行うよう努めなければならない。

第八条を削り、第七条を第八条とする。

第六条第二項第六号中「第十四条第一項」を「第二十二条第一項」に、「同条第九項若しくは第十項」を「同条第九項から第十一項まで」に改め、同条第四項中「変更並びに」を削り、同項を同条第十三項とし、同条第三項中「定め、又はこれを変更した」を「定めた」に改め、同項を同条第十二項とし、同条第二項の次に次の九項を加える。

3　前項第五号に掲げる事項には、次に掲げる区域内の区域であって、当該区域内の空家等の数及びその分布の状況、その活用の状況その他の状況からみて当該区域における経済的社会的活動の促進のために当該区域内の空家等及び空家等の跡地の活用が必要となると認められる区域（以下「空家等活用促進区域」という。）並びに当該空家等活用促進区域における空家等及び空家等の跡地の活用の促進を図るための指針（以下「空家等活用促進指針」という。）に関する事項を定めることができる。

一　中心市街地の活性化に関する法律（平成十年法律第九十二号）第二条に規定する中心市街地

二　地域再生法（平成十七年法律第二十四号）第五条第四項第八号に規定する地域再生拠点
三　地域再生法第五条第四項第十一号に規定する地域住宅団地再生区域
四　地域における歴史的風致の維持及び向上に関する法律（平成二十年法律第四十号）第二条第二項に規定する重点区域
五　前各号に掲げるもののほか、市町村における経済的社会的活動の拠点としての機能を有する区域として国土交通省令・総務省令で定める区域

4　空家等活用促進指針には、おおむね次に掲げる事項を定めるものとする。
一　空家等活用促進区域における空家等及び空家等の跡地の活用に関する基本的な事項
二　空家等活用促進区域における経済的社会的活動の促進のために活用することが必要な空家等の種類及び当該空家等について誘導すべき用途（第十六条第一項及び第十八条において「誘導用途」という。）に関する事項
三　前二号に掲げるもののほか、空家等活用促進区域における空家等及び空家等の跡地の活用を通じた経済的社会的活動の促進に関し必要な事項

5　空家等活用促進指針には、前項各号に掲げる事項のほか、特例適用建築物（空家等活用促進区域内の空家等に該当する建築物（建築基準法（昭和二十五年法律第二百一号）第二条第一号に規定する建築物をいう。以下この項及び第九項において同じ。）又は空家等の跡地に新築する建築物をいう。次項及び第十項において同じ。）について第十七条第一項の規定により読み替えて適用する同法第四十三条第二項（第一号に係る部分に限る。次項において同じ。）の規定又は第十七条第二項の規定により読み替えて適用する同法第四十八条第一項から第十三項まで（これらの規定を同法第八十七条第二項又は第三項において準用する場合を含む。第九項において同じ。）の規定のただし書の規定の適用を受けるための要件に関する事項を定めることができる。

6　前項の第十七条第一項の規定により読み替えて適用する建築基準法第四十三条第二項の規定の適用を受けるための要件（第九項及び第十七条第一項において「敷地特例適用要件」という。）は、特例適用建築物（その敷地が幅員一・八メートル以上四メートル未満の道（同法第四十三条第一項に規定する道路に該当するものを除く。）に二メートル以上接するものに限る。）について、避難及び通行の安全上支障がなく、かつ、空家等活用促進区域内における経済的社会的活動の促進及び市街地の環境の整備改善に資するものとして国土交通省令で定める基準を参酌して定めるものとする。

7　市町村は、第三項に規定する事項を定めるときは、あらかじめ、当該空家等活用促進区域内の住民の意見を反映させるために必要な措置を講ずるものとする。

8　市町村（地方自治法（昭和二十二年法律第六十七号）第二百五十二条の十九第一項の指定都市及び同法第二百五十二条の二十二第一項の中核市を除く。）は、第三項に規定する事項を定める場合において、市街化調整区域（都市計画法（昭和四十三年法律第百号）第七条第一項に規定する市街化調整区域をいう。第十八条第一項において同じ。）の区域を含む空家等活用促進区域を定めるときは、あらかじめ、当該空家等活用促進区域の区域及び空家等活用促進指針に定める事項について、都道府県知事と協議をしなければならない。

9　市町村は、空家等活用促進指針に敷地特例適用要件に関する事項又は第五項の第十七条第二項の規定により読み替えて適用する建築基準法第四十八条第一項から第十三項までの規定のただし書の規定の適用を受けるための要件（以下「用途特例適用要件」という。）に関する事項を記載するときは、あらかじめ、当該事項について、当該空家等活用促進区域内の建築物について建築基準法第四十三条第二項第一号の規定による認定又は同法第四十八条第一項から第十三項まで（これらの規定を同法第八十七条第二項又は第三項において準用する場合を含む。第十七条第二項において同じ。）の規定のただし書の規定による許可の権限を有する特定行政庁（同法第二条第三十五号に規定する特定行政庁をいう。以下この項及び次項において同じ。）と協議をしなければならない。この場合において、用途特例適用要件に関する事項については、当該特定行政庁の同意を得なければならない。

10　前項の規定により用途特例適用要件に関する事項について協議を受けた特定行政庁は、特例適用建築物を用途特例適用要件に適合する用途に供することが空家等活用促進区域における経済的社会的活動の促進のためにやむを得ないものであると認めるときは、同項の同意をすることができる。

11　空家等対策計画（第三項に規定する事項が定められたものに限る。第十六条第一項及び第十八条第一項において同じ。）は、都市計画法第六条の二の都市計画区域の整備、開発及び保全の方針及び同法第十八条の二の市町村の都市計画に関する基本的な方針との調和が保たれたものでなければならない。

第六条に次の一項を加える。

14　第七項から前項までの規定は、空家等対策計画の変更について準用する。

第六条を第七条とする。

第五条第二項第三号を同項第四号とし、同項第二号の次に次の一号を加える。

三　所有者等による空家等の適切な管理について指針となるべき事項

第五条第三項中「変更しようとする」を「変更する」に改め、同条を第六条とし、第四条の次に次の一条を加える。

（空家等の所有者等の責務）

第五条　空家等の所有者又は管理者（以下「所有者等」という。）は、周辺の生活環境に悪影響を及ぼさないよう、空家等の適切な管理に努めるとともに、国又は地方公共団体が実施する空家等に関する施策に協力するよう努めなければならない。

第九条の前に次の章名を付する。

第二章　空家等の調査

第九条第二項中「第十四条第一項」を「第二十二条第一項」に、「当該職員又は」を「空家等の所有者等に対し、当該空家等に関する事項に関し報告させ、又はその職員若しくは」に改める。

第十条第三項中「の長」の下に「、空家等に工作物を設置している者」を加える。

第十一条中「第十三条まで」を「この条、次条及び第十五条」に改め、同条の次に次の章名を付する。

第三章　空家等の適切な管理に係る措置

第十六条の見出しを削り、同条第一項中「第十四条第三項」を「第二十二条第三項」に改め、同条第二項中「による」の下に「報告をせず、若しくは虚偽の報告をし、又は同項の規定による」を加え、「又は」を「若しくは」に改め、同条を第三十条とする。

第十五条の見出しを削り、同条を第二十九条とし、同条の次に次の章名を付する。

第八章　罰則

第十四条の見出しを削り、同条第十項中「命ぜられるべき者」の下に「（以下この項及び次項において「命令対象者」という。）」を加え、「その者」を「当該命令対象者」に、「者に」を「者（以下この項及び次項において「措置実施者」という。）にその措置を」に、「相当の期限を定めて、」を「市町村長は、その定めた期限内に命令対象者において」に、「ときは、」を「ときは」に、「その命じた者若しくは委任した者がその措置を行うべき旨を」を「措置実施者がその措置を行い、当該措置に要した費用を徴収する旨を、」に改め、同条中第十五項を第十七項とし、第十一項から第十四項までを二項ずつ繰り下げ、第十項の次に次の二項を加える。

11　市町村長は、災害その他非常の場合において、特定空家等が保安上著しく危険な状態にある等当該特定空家等に関し緊急に除却、修繕、立木竹の伐採その他周辺の生活環境の保全を図るために必要な措置をとる必要があると認めるときで、第三項から第八項までの規定により当該措置をとることを命ずるいとまがないときは、これらの規定にかかわらず、当該特定空家等に係る命令対象者の負担において、その措置を自ら行い、又は措置実施者に行わせることができる。

12　前二項の規定により負担させる費用の徴収については、行政代執行法第五条及び第六条の規定を準用する。

第十四条を第二十二条とし、同条の次に次の一章及び章名を加える。

第六章　空家等管理活用支援法人

（空家等管理活用支援法人の指定）

第二十三条　市町村長は、特定非営利活動促進法（平成十年法律第七号）第二条第二項に規定する特定非営

利活動法人、一般社団法人若しくは一般財団法人又は空家等の管理若しくは活用を図る活動を行うことを目的とする会社であって、次条各号に掲げる業務を適正かつ確実に行うことができると認められるものを、その申請により、空家等管理活用支援法人（以下「支援法人」という。）として指定することができる。

2　市町村長は、前項の規定による指定をしたときは、当該支援法人の名称又は商号、住所及び事務所又は営業所の所在地を公示しなければならない。

3　支援法人は、その名称若しくは商号、住所又は事務所若しくは営業所の所在地を変更するときは、あらかじめ、その旨を市町村長に届け出なければならない。

4　市町村長は、前項の規定による届出があったときは、当該届出に係る事項を公示しなければならない。

（支援法人の業務）

第二十四条　支援法人は、次に掲げる業務を行うものとする。

一　空家等の所有者等その他空家等の管理又は活用を行おうとする者に対し、当該空家等の管理又は活用の方法に関する情報の提供又は相談その他の当該空家等の適切な管理又はその活用を図るために必要な援助を行うこと。
二　委託に基づき、定期的な空家等の状態の確認、空家等の活用のために行う改修その他の空家等の管理又は活用のため必要な事業又は事務を行うこと。
三　委託に基づき、空家等の所有者等の探索を行うこと。
四　空家等の管理又は活用に関する調査研究を行うこと。
五　空家等の管理又は活用に関する普及啓発を行うこと。
六　前各号に掲げるもののほか、空家等の管理又は活用を図るために必要な事業又は事務を行うこと。

（監督等）
第二十五条　市町村長は、前条各号に掲げる業務の適正かつ確実な実施を確保するため必要があると認めるときは、支援法人に対し、その業務に関し報告をさせることができる。
2　市町村長は、支援法人が前条各号に掲げる業務を適正かつ確実に実施していないと認めるときは、支援法人に対し、その業務の運営の改善に関し必要な措置を講ずべきことを命ずることができる。
3　市町村長は、支援法人が前項の規定による命令に違反したときは、第二十三条第一項の規定による指定を取り消すことができる。

4　市町村長は、前項の規定により指定を取り消したときは、その旨を公示しなければならない。

（情報の提供等）

第二十六条　国及び地方公共団体は、支援法人に対し、その業務の実施に関し必要な情報の提供又は指導若しくは助言をするものとする。

2　市町村長は、支援法人からその業務の遂行のため空家等の所有者等を知る必要があるとして、空家等の所有者等に関する情報（以下この項及び次項において「所有者等関連情報」という。）の提供の求めがあったときは、当該空家等の所有者等の探索に必要な限度で、当該支援法人に対し、所有者等関連情報を提供するものとする。

3　前項の場合において、市町村長は、支援法人に対し所有者等関連情報を提供するときは、あらかじめ、当該所有者等関連情報を提供することについて本人（当該所有者等関連情報によって識別される特定の個人をいう。）の同意を得なければならない。

4　前項の同意は、その所在が判明している者に対して求めれば足りる。

（支援法人による空家等対策計画の作成等の提案）

第二十七条　支援法人は、その業務を行うために必要があると認めるときは、市町村に対し、国土交通省令・総務省令で定めるところにより、空家等対策計画の作成又は変更をすることを提案することができる。この場合においては、基本指針に即して、当該提案に係る空家等対策計画の素案を作成して、これを提示しなければならない。

2　前項の規定による提案を受けた市町村は、当該提案に基づき空家等対策計画の作成又は変更をするか否かについて、遅滞なく、当該提案をした支援法人に通知するものとする。この場合において、空家等対策計画の作成又は変更をしないこととするときは、その理由を明らかにしなければならない。

（市町村長への要請）

第二十八条　支援法人は、空家等、管理不全空家等又は特定空家等につき、その適切な管理のため特に必要があると認めるときは、市町村長に対し、第十四条各項の規定による請求をするよう要請することができる。

2　市町村長は、前項の規定による要請があった場合において、必要があると認めるときは、第十四条各項の規定による請求をするものとする。

3　市町村長は、第一項の規定による要請があった場合において、第十四条各項の規定による請求をする必要がないと判断したときは、遅滞なく、その旨及びその理由を、当該要請をした支援法人に通知するものとする。

第七章　雑則

第十三条を第十五条とし、同条の次に次の六条及び章名を加える。

（空家等の活用に関する計画作成市町村の要請等）

第十六条　空家等対策計画を作成した市町村（以下「計画作成市町村」という。）の長は、空家等活用促進区域内の空家等（第七条第四項第二号に規定する空家等の種類に該当するものに限る。以下この条において同じ。）について、当該空家等活用促進区域内の経済的社会的活動の促進のために必要があると認めるときは、当該空家等の所有者等に対し、当該空家等について空家等活用促進指針に定められた誘導用途に供するために必要な措置を講ずることを要請することができる。

2　計画作成市町村の長は、前項の規定による要請をした場合において、必要があると認めるときは、その要請を受けた空家等の所有者等に対し、当該空家等に関する権利の処分についてのあっせんその他の必要な措置を講ずるよう努めるものとする。

（建築基準法の特例）

第十七条　空家等対策計画（敷地特例適用要件に関する事項が定められたものに限る。）が第七条第十二項（同条第十四項において準用する場合を含む。）の規定により公表されたときは、当該公表の日以後は、同条第六項に規定する特例適用建築物に対する建築基準法第四十三条第二項第一号の規定の適用については、同号中「、利用者」とあるのは「利用者」と、「適合するもので」とあるのは「適合するもの又は空家等対策の推進に関する特別措置法（平成二十六年法律第百二十七号）第七条第十二項（同条第十四項において準用する場合を含む。）の規定により公表された同条第一項に規定する空家等対策計画に定められた同条第六項に規定する敷地特例適用要件に適合する同項に規定する特例適用建築物で」とする。

2　空家等対策計画（用途特例適用要件に関する事項が定められたものに限る。）が第七条第十二項（同条第十四項において準用する場合を含む。）の規定により公表されたときは、当該公表の日以後は、同条第五項に規定する特例適用建築物に対する建築基準法第四十八条第一項から第十三項までの規定の適用については、同条第一項から第十一項まで及び第十三項の規定のただし書の規定中「特定行政庁が」とあるのは「特定行政庁が、」と、「認め、」とあるのは「認めて許可した場合」と、同条第一項ただし書中「公益上やむを得ない」とあるのは「空家等対策の推進に関する特別措置法（平成二十六年法律第百二十七号）第七条第十二項（同条第十四項において準用する場合を含む。）の規定により公表された同条第一項に規定する空家等対策計画に定められた同条第九項に規定する用途特例適用要件（以下この条において「特例適用要件」という。）に適合すると認めて許可した場合その他公益上やむを得ない」と、同条第二項から第十一項まで及び第十三項の規定のただし書の規定中「公益上やむを得ない」とあるのは「特例適用要件に適合すると認めて許可した場合その他公益上やむを得ない」と、同条第十二項ただし書中「特定行政庁が」とあるのは「特定行政庁が、特例適用要件に適合すると認めて許可した場合その他」とする。

（空家等の活用の促進についての配慮）

第十八条　都道府県知事は、第七条第十二項（同条第十四項において準用する場合を含む。）の規定により公表された空家等対策計画に記載された空家等活用促進区域（市街化調整区域に該当する区域に限る。）内の空家等に該当する建築物（都市計画法第四条第十項に規定する建築物をいう。以下この項において同じ。）について、当該建築物を誘導用途に供するため同法第四十二条第一項ただし書又は第四十三条第一項の許可（いずれも当該建築物の用途の変更に係るものに限る。）を求められたときは、第七条第八項の協議の結果を踏まえ、当該建築物の誘導用途としての活用の促進が図られるよう適切な配慮をするものとする。

2　前項に定めるもののほか、国の行政機関の長又は都道府県知事は、同項に規定する空家等対策計画に記載された空家等活用促進区域内の空家等について、当該空家等を誘導用途に供するため農地法（昭和二十七年法律第二百二十九号）その他の法律の規定による許可その他の処分を求められたときは、当該空家等の活用の促進が図られるよう適切な配慮をするものとする。

（地方住宅供給公社の業務の特例）

第十九条　地方住宅供給公社は、地方住宅供給公社法（昭和四十年法律第百二十四号）第二十一条に規定する業務のほか、空家等活用促進区域内において、計画作成市町村からの委託に基づき、空家等の活用のために行う改修、当該改修後の空家等の賃貸その他の空家等の活用に関する業務を行うことができる。

2　前項の規定により地方住宅供給公社が同項に規定する業務を行う場合における地方住宅供給公社法第四

十九条の規定の適用については、同条第三号中「第二十一条に規定する業務」とあるのは、「第二十一条に規定する業務及び空家等対策の推進に関する特別措置法（平成二十六年法律第百二十七号）第十九条第一項に規定する業務」とする。

（独立行政法人都市再生機構の行う調査等業務）

第二十条　独立行政法人都市再生機構は、独立行政法人都市再生機構法（平成十五年法律第百号）第十一条第一項に規定する業務のほか、計画作成市町村からの委託に基づき、空家等活用促進区域内における空家等及び空家等の跡地の活用により地域における経済的社会的活動の促進を図るために必要な調査、調整及び技術の提供の業務を行うことができる。

（独立行政法人住宅金融支援機構の行う援助）

第二十一条　独立行政法人住宅金融支援機構は、独立行政法人住宅金融支援機構法（平成十七年法律第八十二号）第十三条第一項に規定する業務のほか、市町村又は第二十三条第一項に規定する空家等管理活用支援法人からの委託に基づき、空家等及び空家等の跡地の活用の促進に必要な資金の融通に関する情報の提供その他の援助を行うことができる。

第五章　特定空家等に対する措置

第十二条の次に次の二条及び章名を加える。

（適切な管理が行われていない空家等の所有者等に対する措置）

第十三条　市町村長は、空家等が適切な管理が行われていないことによりそのまま放置すれば特定空家等に該当することとなるおそれのある状態にあると認めるときは、当該状態にあると認められる空家等（以下「管理不全空家等」という。）の所有者等に対し、基本指針（第六条第二項第三号に掲げる事項に係る部分に限る。）に即し、当該管理不全空家等が特定空家等に該当することとなることを防止するために必要な措置をとるよう指導をすることができる。

2　市町村長は、前項の規定による指導をした場合において、なお当該管理不全空家等の状態が改善されず、そのまま放置すれば特定空家等に該当することとなるおそれが大きいと認めるときは、当該指導をした者に対し、修繕、立木竹の伐採その他の当該管理不全空家等が特定空家等に該当することとなることを防止するために必要な具体的な措置について勧告することができる。

（空家等の管理に関する民法の特例）

第十四条　市町村長は、空家等につき、その適切な管理のため特に必要があると認めるときは、家庭裁判所に対し、民法（明治二十九年法律第八十九号）第二十五条第一項の規定による命令又は同法第九百五十二条第一項の規定による相続財産の清算人の選任の請求をすることができる。

2　市町村長は、空家等（敷地を除く。）につき、その適切な管理のため特に必要があると認めるときは、地方裁判所に対し、民法第二百六十四条の八第一項の規定による命令の請求をすることができる。

3　市町村長は、管理不全空家等又は特定空家等につき、その適切な管理のため特に必要があると認めるときは、地方裁判所に対し、民法第二百六十四条の九第一項又は第二百六十四条の十四第一項の規定による命令の請求をすることができる。

第四章　空家等の活用に係る措置

附　則

（施行期日）

第一条　この法律は、公布の日から起算して六月を超えない範囲内において政令で定める日から施行する。ただし、附則第三条の規定は、公布の日から施行する。

（経過措置）

第二条　地方自治法の一部を改正する法律（平成二十六年法律第四十二号）附則第二条に規定する施行時特例市に対するこの法律による改正後の空家等対策の推進に関する特別措置法（以下この条において「新法」という。）第七条第八項及び第十八条第一項の規定の適用については、新法第七条第八項中「及び同法」とあるのは「、同法」と、「中核市」とあるのは「中核市及び地方自治法の一部を改正する法律（平成二十六年法律第四十二号）附則第二条に規定する施行時特例市」とする。

2　新法第二十二条第十項及び第十二項（同条第十項に係る部分に限る。）の規定は、この法律の施行の日（以下この条及び附則第六条において「施行日」という。）以後に新法第二十二条第十項後段の規定による公告を行う場合について適用し、施行日前にこの法律による改正前の空家等対策の推進に関する特別措置法（次項において「旧法」という。）第十四条第十項後段の規定による公告を行った場合については、なお従前の例による。

3　新法第二十二条第十一項及び第十二項（同条第十一項に係る部分に限る。）の規定は、施行日以後に同条第二項の規定による勧告を行う場合について適用し、施行日前に旧法第十四条第二項の規定による勧告を行った場合については、なお従前の例による。

（政令への委任）

第三条　前条に定めるもののほか、この法律の施行に関し必要な経過措置（罰則に関する経過措置を含む。）は、政令で定める。

（検討）

第四条　政府は、この法律の施行後五年を目途として、この法律による改正後の規定について、その施行の状況等を勘案して検討を加え、必要があると認めるときは、その結果に基づいて所要の措置を講ずるものとする。

（地方税法の一部改正）

第五条　地方税法（昭和二十五年法律第二百二十六号）の一部を次のように改正する。

第三百四十九条の三の二第一項中「もの及び」を「もの並びに」に、「第十四条第二項」を「第十三条第二項の規定により所有者等（同法第五条に規定する所有者等をいう。以下この項において同じ。）に対し勧告がされた同法第十三条第一項に規定する管理不全空家等及び同法第二十二条第二項」に改め、

「（同法第三条に規定する所有者等をいう。）」を削る。

（地方税法の一部改正に伴う経過措置）

第六条　前条の規定による改正後の地方税法第三百四十九条の三の二第一項の規定は、施行日の属する年の翌年の一月一日（施行日が一月一日である場合には、同日）を賦課期日とする年度以後の年度分の固定資産税について適用し、当該年度の前年度分までの固定資産税については、なお従前の例による。

（独立行政法人都市再生機構法の一部改正）

第七条　独立行政法人都市再生機構法（平成十五年法律第百号）の一部を次のように改正する。

第十一条第二項第九号を同項第十号とし、同項第八号の次に次の一号を加える。

九　空家等対策の推進に関する特別措置法（平成二十六年法律第百二十七号）第二十条に規定する業務

（独立行政法人住宅金融支援機構法の一部改正）

第八条　独立行政法人住宅金融支援機構法（平成十七年法律第八十二号）の一部を次のように改正する。

第十三条第一項第十一号中「次項第二号若しくは第五号」を「次項第三号若しくは第六号」に改め、同条第二項中第七号を第八号とし、第二号から第六号までを一号ずつ繰り下げ、第一号の次に次の一号を加える。

二　空家等対策の推進に関する特別措置法（平成二十六年法律第百二十七号）第二十一条の規定による情報の提供その他の援助を行うこと。

第十七条第二号中「同条第二項第四号」を「同条第二項第五号」に改め、同条第三号中「第十三条第二項第五号」を「第十三条第二項第六号」に改める。

第十九条第一項中「第二項第二号から第五号まで」を「第二項第三号から第六号まで」に改め、同条第三項及び第六項中「第十三条第二項第五号」を「第十三条第二項第六号」に改める。

第二十二条中「第二項第二号若しくは第三号」を「第二項第三号若しくは第四号」に改める。

第二十八条中「第十三条第二項第五号」を「第十三条第二項第六号」に改める。

附則第七条第六項中「「第五号」を「「第六号」に、「「第三号」を「「第四号」に改める。

空家等対策の推進に関する特別措置法の一部を改正する法律（令和五年法律第五十号）新旧対照条文　目次

○空家等対策の推進に関する特別措置法（平成二十六年法律第百二十七号）（本則関係）

（傍線の部分は改正部分）

改正後	現行
目次 第一章　総則（第一条―第八条） 第二章　空家等の調査（第九条―第十一条） 第三章　空家等の適切な管理に係る措置（第十二条―第十四条） 第四章　空家等の活用に係る措置（第十五条―第二十一条） 第五章　特定空家等に対する措置（第二十二条） 第六章　空家等管理活用支援法人（第二十三条―第二十八条） 第七章　雑則（第二十九条） 第八章　罰則（第三十条） 附則	（新設）
第一章　総則	（新設）
（目的） 第一条　この法律は、適切な管理が行われていない空家等が防災、衛生、景観等の地域住民の生活環境に深刻な影響を及ぼしていることに鑑み、地域住民の生命、身体又は財産を保護するとともに、その生活環境の保全を図り、あわせて空家等の活用を促進するため、空家等に関する施策に関し、国による基本指針の策定、市町村（特別区を含む。第十条第二項を除き、以下同じ。）による空家等対策計画の作成その他の空家等に関する施策を推進するために必要な事項を定めることにより、空家等に関する施策を総合的かつ計画的に推進し、もって公共の福祉の増進と地域の振興に寄与することを目的とする。	（目的） 第一条　この法律は、適切な管理が行われていない空家等が防災、衛生、景観等の地域住民の生活環境に深刻な影響を及ぼしていることに鑑み、地域住民の生命、身体又は財産を保護するとともに、その生活環境の保全を図り、あわせて空家等の活用を促進するため、空家等に関する施策に関し、国による基本指針の策定、市町村（特別区を含む。第十条第二項を除き、以下同じ。）による空家等対策計画の作成その他の空家等に関する施策を推進するために必要な事項を定めることにより、空家等に関する施策を総合的かつ計画的に推進し、もって公共の福祉の増進と地域の振興に寄与することを目的とする。

（定義）

第二条　この法律において「空家等」とは、建築物又はこれに附属する工作物であって居住その他の使用がなされていないことが常態であるもの及びその敷地（立木その他の土地に定着する物を含む。第十四条第二項において同じ。）をいう。ただし、国又は地方公共団体が所有し、又は管理するものを除く。

2　この法律において「特定空家等」とは、そのまま放置すれば倒壊等著しく保安上危険となるおそれのある状態又は著しく衛生上有害となるおそれのある状態、適切な管理が行われていないことにより著しく景観を損なっている状態その他周辺の生活環境の保全を図るために放置することが不適切である状態にあると認められる空家等をいう。

（国の責務）

第三条　国は、空家等に関する施策を総合的に策定し、及び実施する責務を有する。

2　国は、地方公共団体その他の者が行う空家等に関する取組のために必要となる情報の収集及び提供その他の支援を行うよう努めなければならない。

3　国は、広報活動、啓発活動その他の活動を通じて、空家等の適切な管理及びその活用の促進に関し、国民の理解を深めるよう努めなければならない。

（地方公共団体の責務）

第四条　市町村は、第七条第一項に規定する空家等対策計画の作成及びこれに基づく空家等に関する対策の実施その他の空家等に関して必要な措置を適切に講ずるよう努めなければならない。

2　都道府県は、第七条第一項に規定する空家等対策計画の作成及び変更並びに実施その他空家等に関しこの法律に基づき市町村が講ずる措置について、当該市町村に対する情報の提供及び技術的

（定義）

第二条　この法律において「空家等」とは、建築物又はこれに附属する工作物であって居住その他の使用がなされていないことが常態であるもの及びその敷地（立木その他の土地に定着する物を含む。）をいう。ただし、国又は地方公共団体が所有し、又は管理するものを除く。

2　この法律において「特定空家等」とは、そのまま放置すれば倒壊等著しく保安上危険となるおそれのある状態又は著しく衛生上有害となるおそれのある状態、適切な管理が行われていないことにより著しく景観を損なっている状態その他周辺の生活環境の保全を図るために放置することが不適切である状態にあると認められる空家等をいう。

（空家等の所有者等の責務）

第三条　空家等の所有者又は管理者（以下「所有者等」という。）は、周辺の生活環境に悪影響を及ぼさないよう、空家等の適切な管理に努めるものとする。

（市町村の責務）

第四条　市町村は、第六条第一項に規定する空家等対策計画の作成及びこれに基づく空家等に関する対策の実施その他の空家等に関する必要な措置を適切に講ずるよう努めるものとする。

な助言、市町村相互間の連絡調整その他必要な援助を行うよう努めなければならない。

（空家等の所有者等の責務）
第五条　空家等の所有者又は管理者（以下「所有者等」という。）は、周辺の生活環境に悪影響を及ぼさないよう、空家等の適切な管理に努めるとともに、国又は地方公共団体が実施する空家等に関する施策に協力するよう努めなければならない。

（基本指針）
第六条　国土交通大臣及び総務大臣は、空家等に関する施策を総合的かつ計画的に実施するための基本的な指針（以下「基本指針」という。）を定めるものとする。
2　基本指針においては、次に掲げる事項を定めるものとする。
一　空家等に関する施策の実施に関する基本的な事項
二　次条第一項に規定する空家等対策計画に関する事項
三　所有者等による空家等の適切な管理について指針となるべき事項
四　その他空家等に関する施策を総合的かつ計画的に実施するために必要な事項
3　国土交通大臣及び総務大臣は、基本指針を定め、又はこれを変更するときは、あらかじめ、関係行政機関の長に協議するものとする。
4　国土交通大臣及び総務大臣は、基本指針を定め、又はこれを変更したときは、遅滞なく、これを公表しなければならない。

（空家等対策計画）
第七条　市町村は、その区域内で空家等に関する対策を総合的かつ計画的に実施するため、基本指針に即して、空家等に関する対策についての計画（以下「空家等対策計画」という。）を定めるこ

（新設）

（基本指針）
第五条　国土交通大臣及び総務大臣は、空家等に関する施策を総合的かつ計画的に実施するための基本的な指針（以下「基本指針」という。）を定めるものとする。
2　基本指針においては、次に掲げる事項を定めるものとする。
一　空家等に関する施策の実施に関する基本的な事項
二　次条第一項に規定する空家等対策計画に関する事項
（新設）
三　その他空家等に関する施策を総合的かつ計画的に実施するために必要な事項
3　国土交通大臣及び総務大臣は、基本指針を定め、又はこれを変更しようとするときは、あらかじめ、関係行政機関の長に協議するものとする。
4　国土交通大臣及び総務大臣は、基本指針を定め、又はこれを変更したときは、遅滞なく、これを公表しなければならない。

（空家等対策計画）
第六条　市町村は、その区域内で空家等に関する対策を総合的かつ計画的に実施するため、基本指針に即して、空家等に関する対策についての計画（以下「空家等対策計画」という。）を定めるこ

とができる。

2　空家等対策計画においては、次に掲げる事項を定めるものとする。

一　空家等に関する対策の対象とする地区及び対象とする空家等の種類その他の空家等に関する対策に関する基本的な方針

二　計画期間

三　空家等の調査に関する事項

四　所有者等による空家等の適切な管理の促進に関する事項

五　空家等及び除却した空家等に係る跡地（以下「空家等の跡地」という。）の活用の促進に関する事項

六　特定空家等に対する措置（第二十二条第一項の規定による助言若しくは指導、同条第二項の規定による勧告、同条第三項の規定による命令又は同条第九項から第十一項までの規定による代執行をいう。以下同じ。）その他の特定空家等への対処に関する事項

七　住民等からの空家等に関する相談への対応に関する事項

八　空家等に関する対策の実施体制に関する事項

九　その他空家等に関する対策の実施に関し必要な事項

3　前項第五号に掲げる事項には、次に掲げる区域内の区域であって、当該区域内の空家等の数及びその分布の状況、その活用の状況その他の状況からみて当該区域における経済的社会的活動の促進のために当該区域内の空家等及び空家等の跡地の活用が必要となると認められる区域（以下「空家等活用促進区域」という。）並びに当該空家等活用促進区域における空家等及び空家等の跡地の活用の促進を図るための指針（以下「空家等活用促進指針」という。）に関する事項を定めることができる。

一　中心市街地の活性化に関する法律（平成十年法律第九十二号）第二条に規定する中心市街地

二　地域再生法（平成十七年法律第二十四号）第五条第四項第八号に規定する地域再生拠点

とができる。

2　空家等対策計画においては、次に掲げる事項を定めるものとする。

一　空家等に関する対策の対象とする地区及び対象とする空家等の種類その他の空家等に関する対策に関する基本的な方針

二　計画期間

三　空家等の調査に関する事項

四　所有者等による空家等の適切な管理の促進に関する事項

五　空家等及び除却した空家等に係る跡地（以下「空家等の跡地」という。）の活用の促進に関する事項

六　特定空家等に対する措置（第十四条第一項の規定による助言若しくは指導、同条第二項の規定による勧告、同条第三項の規定による命令又は同条第九項若しくは第十項の規定による代執行をいう。以下同じ。）その他の特定空家等への対処に関する事項

七　住民等からの空家等に関する相談への対応に関する事項

八　空家等に関する対策の実施体制に関する事項

九　その他空家等に関する対策の実施に関し必要な事項

（新設）

三　地域再生法第五条第四項第十一号に規定する地域住宅団地再生区域
四　地域における歴史的風致の維持及び向上に関する法律（平成二十年法律第四十号）第二条第二項に規定する重点区域
五　前各号に掲げるもののほか、市町村における経済的社会的活動の拠点としての機能を有する区域として国土交通省令・総務省令で定める区域

4　空家等活用促進指針には、おおむね次に掲げる事項を定めるものとする。
一　空家等活用促進区域における空家等及び空家等の跡地の活用に関する基本的な事項
二　空家等活用促進区域における経済的社会的活動の促進のために活用することが必要な空家等の種類及び当該空家等について誘導すべき用途（第十六条第一項及び第十八条において「誘導用途」という。）に関する事項
三　前二号に掲げるもののほか、空家等活用促進区域における空家等及び空家等の跡地の活用を通じた経済的社会的活動の促進に関し必要な事項

（新設）

5　空家等活用促進指針には、前項各号に掲げる事項のほか、特例適用建築物（空家等活用促進区域内の空家等に該当する建築物（建築基準法（昭和二十五年法律第二百一号）第二条第一号に規定する建築物をいう。以下この項及び第九項において同じ。）又は空家等の跡地に新築する建築物をいう。次項及び第十項において同じ。）について第十七条第一項の規定により読み替えて適用する同法第四十三条第二項（第一号に係る部分に限る。次項において同じ。）の規定又は第十七条第二項の規定により読み替えて適用する同法第四十八条第一項から第十三項まで（これらの規定を同法第八十七条第二項又は第三項において準用する場合を含む。第九項において同じ。）の規定のただし書の規定の適用を受けるための要件に関する事項を定めることができる。

（新設）

6　前項の第十七条第一項の規定により読み替えて適用する建築基準法第四十三条第二項の規定の適用を受けるための要件（第九項及び第十七条第一項において「敷地特例適用要件」という。）は、特例適用建築物（その敷地が幅員一・八メートル以上四メートル未満の道（同法第四十三条第一項に規定する道路に該当するものを除く。）に二メートル以上接するものに限る。）について、避難及び通行の安全上支障がなく、かつ、空家等活用促進区域内における経済的社会的活動の促進及び市街地の環境の整備改善に資するものとして国土交通省令で定める基準を参酌して定めるものとする。

（新設）

7　市町村は、第三項に規定する事項を定めるときは、あらかじめ、当該空家等活用促進区域内の住民の意見を反映させるために必要な措置を講ずるものとする。

（新設）

8　市町村（地方自治法（昭和二十二年法律第六十七号）第二百五十二条の十九第一項の指定都市及び同法第二百五十二条の二十二第一項の中核市を除く。）は、第三項に規定する事項を定める場合において、市街化調整区域（都市計画法（昭和四十三年法律第百号）第七条第一項に規定する市街化調整区域をいう。第十八条第一項において同じ。）の区域を含む空家等活用促進区域を定めるときは、あらかじめ、当該空家等活用促進区域の区域及び空家等活用促進指針に定める事項について、都道府県知事と協議をしなければならない。

（新設）

9　市町村は、空家等活用促進指針に敷地特例適用要件に関する事項又は第五項の第十七条第二項の規定により読み替えて適用する建築基準法第四十八条第一項から第十三項までの規定のただし書の規定の適用を受けるための要件（以下「用途特例適用要件」という。）に関する事項を記載するときは、あらかじめ、当該事項について、当該空家等活用促進区域内の建築物について建築基準法第四十三条第二項第一号の規定による認定又は同法第四十八条第一項から第十三項まで（これらの規定を同法第八十七条第二項

（新設）

又は第三項において準用する場合を含む。第十七条第二項において同じ。）の規定のただし書の規定による許可の権限を有する特定行政庁（同法第二条第三十五号に規定する特定行政庁をいう。以下この項及び次項において同じ。）と協議をしなければならない。この場合において、用途特例適用要件に関する事項については、当該特定行政庁の同意を得なければならない。

10　前項の規定により用途特例適用要件に関する事項について協議を受けた特定行政庁は、特例適用建築物を用途特例適用要件に適合する用途に供することが空家等活用促進区域における経済的社会的活動の促進のためにやむを得ないものであると認めるときは、同項の同意をすることができる。

11　空家等対策計画（第三項に規定する事項が定められたものに限る。第十六条第一項及び第十八条第一項において同じ。）は、都市計画法第六条の二の都市計画区域の整備、開発及び保全の方針及び同法第十八条の二の市町村の都市計画に関する基本的な方針との調和が保たれたものでなければならない。

12　市町村は、空家等対策計画を定めたときは、遅滞なく、これを公表しなければならない。

13　市町村は、都道府県知事に対し、空家等対策計画の作成及び実施に関し、情報の提供、技術的な助言その他必要な援助を求めることができる。

14　第七項から前項までの規定は、空家等対策計画の変更について準用する。

（協議会）

第八条　市町村は、空家等対策計画の作成及び変更並びに実施に関する協議を行うための協議会（以下この条において「協議会」という。）を組織することができる。

2　協議会は、市町村長（特別区の区長を含む。以下同じ。）のほか、地域住民、市町村の議会の議員、法務、不動産、建築、福祉

（新設）

（新設）

3　市町村は、空家等対策計画を定め、又はこれを変更したときは、遅滞なく、これを公表しなければならない。

4　市町村は、都道府県知事に対し、空家等対策計画の作成及び変更並びに実施に関し、情報の提供、技術的な助言その他必要な援助を求めることができる。

（新設）

（協議会）

第七条　市町村は、空家等対策計画の作成及び変更並びに実施に関する協議を行うための協議会（以下この条において「協議会」という。）を組織することができる。

2　協議会は、市町村長（特別区の区長を含む。以下同じ。）のほか、地域住民、市町村の議会の議員、法務、不動産、建築、福祉

、文化等に関する学識経験者その他の市町村長が必要と認める者をもって構成する。

3　前二項に定めるもののほか、協議会の運営に関し必要な事項は、協議会が定める。

（削る）

第二章　空家等の調査

（立入調査等）

第九条　市町村長は、当該市町村の区域内にある空家等の所在及び当該空家等の所有者等を把握するための調査その他空家等に関しこの法律の施行のために必要な調査を行うことができる。

2　市町村長は、第二十二条第一項から第三項までの規定の施行に必要な限度において、空家等の所有者等に対し、当該空家等に関する事項に関し報告させ、又はその職員若しくはその委任した者に、空家等と認められる場所に立ち入って調査をさせることができる。

3　市町村長は、前項の規定により当該職員又はその委任した者を空家等と認められる場所に立ち入らせようとするときは、その五日前までに、当該空家等の所有者等にその旨を通知しなければならない。ただし、当該所有者等に対し通知することが困難であるときは、この限りでない。

4　第二項の規定により空家等と認められる場所に立ち入ろうとする者は、その身分を示す証明書を携帯し、関係者の請求があった

、文化等に関する学識経験者その他の市町村長が必要と認める者をもって構成する。

3　前二項に定めるもののほか、協議会の運営に関し必要な事項は、協議会が定める。

（都道府県による援助）

第八条　都道府県知事は、空家等対策計画の作成及び変更並びに実施その他空家等に関しこの法律に基づき市町村が講ずる措置について、当該市町村に対する情報の提供及び技術的な助言、市町村相互間の連絡調整その他必要な援助を行うよう努めなければならない。

（新設）

（立入調査等）

第九条　市町村長は、当該市町村の区域内にある空家等の所在及び当該空家等の所有者等を把握するための調査その他空家等に関しこの法律の施行のために必要な調査を行うことができる。

2　市町村長は、第十四条第一項から第三項までの規定の施行に必要な限度において、当該職員又はその委任した者に、空家等と認められる場所に立ち入って調査をさせることができる。

3　市町村長は、前項の規定により当該職員又はその委任した者を空家等と認められる場所に立ち入らせようとするときは、その五日前までに、当該空家等の所有者等にその旨を通知しなければならない。ただし、当該所有者等に対し通知することが困難であるときは、この限りでない。

4　第二項の規定により空家等と認められる場所に立ち入ろうとする者は、その身分を示す証明書を携帯し、関係者の請求があった

ときは、これを提示しなければならない。

5 第二項の規定による立入調査の権限は、犯罪捜査のために認められたものと解釈してはならない。

（空家等の所有者等に関する情報の利用等）

第十条 市町村長は、固定資産税の課税その他の事務のために利用する目的で保有する情報であって氏名その他の空家等の所有者等に関するものについては、この法律の施行のために必要な限度において、その保有に当たって特定された利用の目的以外の目的のために内部で利用することができる。

2 都知事は、固定資産税の課税その他の事務で市町村が処理するものとされているもののうち特別区の存する区域においては都が処理するものとされているもののために利用する目的で都が保有する情報であって、特別区の区域内にある空家等の所有者等に関するものについて、当該特別区の区長から提供を求められたときは、この法律の施行のために必要な限度において、速やかに当該情報の提供を行うものとする。

3 前項に定めるもののほか、市町村長は、この法律の施行のために必要があるときは、関係する地方公共団体の長、空家等に工作物を設置している者その他の者に対して、空家等の所有者等の把握に関し必要な情報の提供を求めることができる。

（空家等に関するデータベースの整備等）

第十一条 市町村は、空家等（建築物を販売し、又は賃貸する事業を行う者が販売し、又は賃貸するために所有し、又は管理するもの（周辺の生活環境に悪影響を及ぼさないよう適切に管理されているものに限る。）を除く。以下この条、次条及び第十五条において同じ。）に関するデータベースの整備その他空家等に関する正確な情報を把握するために必要な措置を講ずるよう努めるものとする。

ときは、これを提示しなければならない。

5 第二項の規定による立入調査の権限は、犯罪捜査のために認められたものと解釈してはならない。

（空家等の所有者等に関する情報の利用等）

第十条 市町村長は、固定資産税の課税その他の事務のために利用する目的で保有する情報であって氏名その他の空家等の所有者等に関するものについては、この法律の施行のために必要な限度において、その保有に当たって特定された利用の目的以外の目的のために内部で利用することができる。

2 都知事は、固定資産税の課税その他の事務で市町村が処理するものとされているもののうち特別区の存する区域においては都が処理するものとされているもののために利用する目的で都が保有する情報であって、特別区の区域内にある空家等の所有者等に関するものについて、当該特別区の区長から提供を求められたときは、この法律の施行のために必要な限度において、速やかに当該情報の提供を行うものとする。

3 前項に定めるもののほか、市町村長は、この法律の施行のために必要があるときは、関係する地方公共団体の長その他の者に対して、空家等の所有者等の把握に関し必要な情報の提供を求めることができる。

（空家等に関するデータベースの整備等）

第十一条 市町村は、空家等（建築物を販売し、又は賃貸する事業を行う者が販売し、又は賃貸するために所有し、又は管理するもの（周辺の生活環境に悪影響を及ぼさないよう適切に管理されているものに限る。）を除く。以下第十三条までにおいて同じ。）に関するデータベースの整備その他空家等に関する正確な情報を把握するために必要な措置を講ずるよう努めるものとする。

改正後	改正前
第三章　空家等の適切な管理に係る措置	（新設）
（所有者等による空家等の適切な管理の促進） 第十二条　市町村は、所有者等による空家等の適切な管理を促進するため、これらの者に対し、情報の提供、助言その他必要な援助を行うよう努めるものとする。	（所有者等による空家等の適切な管理の促進） 第十二条　市町村は、所有者等による空家等の適切な管理を促進するため、これらの者に対し、情報の提供、助言その他必要な援助を行うよう努めるものとする。
（適切な管理が行われていない空家等の所有者等に対する措置） 第十三条　市町村長は、空家等が適切な管理が行われていないことによりそのまま放置すれば特定空家等に該当することとなるおそれのある状態にあると認めるときは、当該状態にあると認められる空家等（以下「管理不全空家等」という。）の所有者等に対し、基本指針（第六条第二項第三号に掲げる事項に係る部分に限る。）に即し、当該管理不全空家等が特定空家等に該当することとなることを防止するために必要な措置をとるよう指導をすることができる。 2　市町村長は、前項の規定による指導をした場合において、なお当該管理不全空家等の状態が改善されず、そのまま放置すれば特定空家等に該当することとなるおそれが大きいと認めるときは、当該指導をした者に対し、修繕、立木竹の伐採その他の当該管理不全空家等が特定空家等に該当することとなることを防止するために必要な具体的な措置について勧告することができる。	（新設）
（空家等の管理に関する民法の特例） 第十四条　市町村長は、空家等につき、その適切な管理のため特に必要があると認めるときは、家庭裁判所に対し、民法（明治二十九年法律第八十九号）第二十五条第一項の規定による命令又は同法第九百五十二条第一項の規定による相続財産の清算人の選任の請求をすることができる。	（新設）

2　市町村長は、空家等（敷地を除く。）につき、その適切な管理のため特に必要があると認めるときは、地方裁判所に対し、民法第二百六十四条の八第一項の規定による命令の請求をすることができる。

3　市町村長は、管理不全空家等又は特定空家等につき、その適切な管理のため特に必要があると認めるときは、地方裁判所に対し、民法第二百六十四条の九第一項又は第二百六十四条の十四第一項の規定による命令の請求をすることができる。

第四章　空家等の活用に係る措置

（空家等及び空家等の跡地の活用等）

第十五条　市町村は、空家等及び空家等の跡地（土地を販売し、又は賃貸する事業を行う者が販売し、又は賃貸するために所有し、又は管理するものを除く。）に関する情報の提供その他これらの活用のために必要な対策を講ずるよう努めるものとする。

（空家等の活用に関する計画作成市町村の要請等）

第十六条　空家等対策計画を作成した市町村（以下「計画作成市町村」という。）の長は、空家等活用促進区域内の空家等（第七条第四項第二号に規定する空家等の種類に該当するものに限る。以下この条において同じ。）について、当該空家等活用促進区域内の経済的社会的活動の促進のために必要があると認めるときは、当該空家等の所有者等に対し、当該空家等について空家等活用促進指針に定められた誘導用途に供するために必要な措置を講ずることを要請することができる。

2　計画作成市町村の長は、前項の規定による要請をした場合において、必要があると認めるときは、その要請を受けた空家等の所有者等に対し、当該空家等に関する権利の処分についてのあっせんその他の必要な措置を講ずるよう努めるものとする。

（新設）

（空家等及び空家等の跡地の活用等）

第十三条　市町村は、空家等及び空家等の跡地（土地を販売し、又は賃貸する事業を行う者が販売し、又は賃貸するために所有し、又は管理するものを除く。）に関する情報の提供その他これらの活用のために必要な対策を講ずるよう努めるものとする。

（新設）

（建築基準法の特例）

第十七条　空家等対策計画（敷地特例適用要件に関する事項が定められたものに限る。）が第七条第十二項（同条第十四項において準用する場合を含む。）の規定により公表されたときは、当該公表の日以後は、同条第六項に規定する特例適用建築物に対する建築基準法第四十三条第二項第一号の規定の適用については、同号中「、利用者」とあるのは「利用者」と、「適合するもので」とあるのは「適合するもの又は空家等対策の推進に関する特別措置法（平成二十六年法律第百二十七号）第七条第十二項（同条第十四項において準用する場合を含む。）の規定により公表された同条第一項に規定する空家等対策計画に定められた同条第六項に規定する敷地特例適用要件に適合する同項に規定する特例適用建築物で」とする。

2　空家等対策計画（用途特例適用要件に関する事項が定められたものに限る。）が第七条第十二項（同条第十四項において準用する場合を含む。）の規定により公表されたときは、当該公表の日以後は、同条第五項に規定する特例適用建築物に対する建築基準法第四十八条第一項から第十三項までの規定の適用については、同条第一項から第十一項まで及び第十三項の規定のただし書の規定中「特定行政庁が」とあるのは「特定行政庁が、」と、「認め、」とあるのは「認めて許可した場合」と、同条第一項ただし書中「公益上やむを得ない」とあるのは「空家等対策の推進に関する特別措置法（平成二十六年法律第百二十七号）第七条第十二項（同条第十四項において準用する場合を含む。）の規定により公表された同条第一項に規定する空家等対策計画に定められた同条第九項に規定する用途特例適用要件（以下この条において「特例適用要件」という。）に適合すると認めて許可した場合その他公益上やむを得ない」と、同条第二項から第十一項まで及び第十三項の規定のただし書の規定中「公益上やむを得ない」とあるのは

（新設）

「特例適用要件に適合すると認めて許可した場合その他公益上やむを得ない」と、同条第十二項ただし書中「特定行政庁が」とあるのは「特定行政庁が、特例適用要件に適合すると認めて許可した場合その他」とする。

（空家等の活用の促進についての配慮）

第十八条　都道府県知事は、第七条第十二項（同条第十四項において準用する場合を含む。）の規定により公表された空家等対策計画に記載された空家等活用促進区域（市街化調整区域に該当する区域に限る。）内の空家等に該当する建築物（都市計画法第四条第十項に規定する建築物をいう。以下この項において同じ。）について、当該建築物を誘導用途に供するため同法第四十二条第一項ただし書又は第四十三条第一項の許可（いずれも当該建築物の用途の変更に係るものに限る。）を求められたときは、第七条第八項の協議の結果を踏まえ、当該建築物の誘導用途としての活用の促進が図られるよう適切な配慮をするものとする。

（新設）

2　前項に定めるもののほか、国の行政機関の長又は都道府県知事は、同項に規定する空家等対策計画に記載された空家等活用促進区域内の空家等について、当該空家等を誘導用途に供するため農地法（昭和二十七年法律第二百二十九号）その他の法律の規定による許可その他の処分を求められたときは、当該空家等の活用の促進が図られるよう適切な配慮をするものとする。

（地方住宅供給公社の業務の特例）

第十九条　地方住宅供給公社は、地方住宅供給公社法（昭和四十年法律第百二十四号）第二十一条に規定する業務のほか、空家等活用促進区域内において、計画作成市町村からの委託に基づき、空家等の活用のために行う改修、当該改修後の空家等の賃貸その他の空家等の活用に関する業務を行うことができる。

（新設）

2　前項の規定により地方住宅供給公社が同項に規定する業務を行

う場合における地方住宅供給公社法第四十九条の規定の適用については、同条第三号中「第二十一条に規定する業務」とあるのは、「第二十一条に規定する業務及び空家等対策の推進に関する特別措置法（平成二十六年法律第百二十七号）第十九条第一項に規定する業務」とする。

（独立行政法人都市再生機構の行う調査等業務）

第二十条　独立行政法人都市再生機構は、独立行政法人都市再生機構法（平成十五年法律第百号）第十一条第一項に規定する業務のほか、計画作成市町村からの委託に基づき、空家等活用促進区域内における空家等及び空家等の跡地の活用により地域における経済的社会的活動の促進を図るために必要な調査、調整及び技術の提供の業務を行うことができる。

（独立行政法人住宅金融支援機構の行う援助）

第二十一条　独立行政法人住宅金融支援機構は、独立行政法人住宅金融支援機構法（平成十七年法律第八十二号）第十三条第一項に規定する業務のほか、市町村又は第二十三条第一項に規定する空家等管理活用支援法人からの委託に基づき、空家等及び空家等の跡地の活用の促進に必要な資金の融通に関する情報の提供その他の援助を行うことができる。

第五章　特定空家等に対する措置

第二十二条　市町村長は、特定空家等の所有者等に対し、当該特定空家等に関し、除却、修繕、立木竹の伐採その他周辺の生活環境の保全を図るために必要な措置（そのまま放置すれば倒壊等著しく保安上危険となるおそれのある状態又は著しく衛生上有害となるおそれのある状態にない特定空家等については、建築物の除却

（新設）

（新設）

（新設）

（特定空家等に対する措置）

第十四条　市町村長は、特定空家等の所有者等に対し、当該特定空家等に関し、除却、修繕、立木竹の伐採その他周辺の生活環境の保全を図るために必要な措置（そのまま放置すれば倒壊等著しく保安上危険となるおそれのある状態又は著しく衛生上有害となるおそれのある状態にない特定空家等については、建築物の除却を

を除く。次項において同じ。）をとるよう助言又は指導をすることができる。

2　市町村長は、前項の規定による助言又は指導をした場合において、なお当該特定空家等の状態が改善されないと認めるときは、当該助言又は指導を受けた者に対し、相当の猶予期限を付けて、除却、修繕、立木竹の伐採その他周辺の生活環境の保全を図るために必要な措置をとることを勧告することができる。

3　市町村長は、前項の規定による勧告を受けた者が正当な理由がなくてその勧告に係る措置をとらなかった場合において、特に必要があると認めるときは、その者に対し、相当の猶予期限を付けて、その勧告に係る措置をとることを命ずることができる。

4　市町村長は、前項の措置を命じようとする場合においては、あらかじめ、その措置を命じようとする者に対し、その命じようとする措置及びその事由並びに意見書の提出先及び提出期限を記載した通知書を交付して、その措置を命じようとする者又はその代理人に意見書及び自己に有利な証拠を提出する機会を与えなければならない。

5　前項の通知書の交付を受けた者は、その交付を受けた日から五日以内に、市町村長に対し、意見書の提出に代えて公開による意見の聴取を行うことを請求することができる。

6　市町村長は、前項の規定による意見の聴取の請求があった場合においては、第三項の措置を命じようとする者又はその代理人の出頭を求めて、公開による意見の聴取を行わなければならない。

7　市町村長は、前項の規定による意見の聴取を行う場合においては、第三項の規定によって命じようとする措置並びに意見の聴取の期日及び場所を、期日の三日前までに、前項に規定する者に通知するとともに、これを公告しなければならない。

8　第六項に規定する者は、意見の聴取に際して、証人を出席させ、かつ、自己に有利な証拠を提出することができる。

9　市町村長は、第三項の規定により必要な措置を命じた場合にお

除く。次項において同じ。）をとるよう助言又は指導をすることができる。

2　市町村長は、前項の規定による助言又は指導をした場合において、なお当該特定空家等の状態が改善されないと認めるときは、当該助言又は指導を受けた者に対し、相当の猶予期限を付けて、除却、修繕、立木竹の伐採その他周辺の生活環境の保全を図るために必要な措置をとることを勧告することができる。

3　市町村長は、前項の規定による勧告を受けた者が正当な理由がなくてその勧告に係る措置をとらなかった場合において、特に必要があると認めるときは、その者に対し、相当の猶予期限を付けて、その勧告に係る措置をとることを命ずることができる。

4　市町村長は、前項の措置を命じようとする場合においては、あらかじめ、その措置を命じようとする者に対し、その命じようとする措置及びその事由並びに意見書の提出先及び提出期限を記載した通知書を交付して、その措置を命じようとする者又はその代理人に意見書及び自己に有利な証拠を提出する機会を与えなければならない。

5　前項の通知書の交付を受けた者は、その交付を受けた日から五日以内に、市町村長に対し、意見書の提出に代えて公開による意見の聴取を行うことを請求することができる。

6　市町村長は、前項の規定による意見の聴取の請求があった場合においては、第三項の措置を命じようとする者又はその代理人の出頭を求めて、公開による意見の聴取を行わなければならない。

7　市町村長は、前項の規定による意見の聴取を行う場合においては、第三項の規定によって命じようとする措置並びに意見の聴取の期日及び場所を、期日の三日前までに、前項に規定する者に通知するとともに、これを公告しなければならない。

8　第六項に規定する者は、意見の聴取に際して、証人を出席させ、かつ、自己に有利な証拠を提出することができる。

9　市町村長は、第三項の規定により必要な措置を命じた場合にお

いて、その措置を命ぜられた者がその措置を履行しないとき、履行しても十分でないとき又は履行しても同項の期限までに完了する見込みがないときは、行政代執行法（昭和二十三年法律第四十三号）の定めるところに従い、自ら義務者のなすべき行為をし、又は第三者をしてこれをさせることができる。

10　第三項の規定により必要な措置を命じようとする場合において、過失がなくてその措置を命ぜられるべき者（以下この項及び次項において「命令対象者」という。）を確知することができないとき（過失がなくて第一項の助言若しくは指導又は第二項の勧告が行われるべき者を確知することができないため第三項に定める手続により命令を行うことができないときを含む。）は、市町村長は、当該命令対象者の負担において、その措置を自ら行い、又はその命じた者若しくは委任した者（以下この項及び次項において「措置実施者」という。）にその措置を行わせることができる。この場合においては、市町村長は、その定めた期限内に命令対象者においてその措置を行うべき旨及びその期限までにその措置を行わないときは市町村長又は措置実施者がその措置を行い、当該措置に要した費用を徴収する旨を、あらかじめ公告しなければならない。

11　市町村長は、災害その他非常の場合において、特定空家等が保安上著しく危険な状態にある等当該特定空家等に関し緊急に除却、修繕、立木竹の伐採その他周辺の生活環境の保全を図るために必要な措置をとる必要があると認めるときで、第三項から第八項までの規定により当該措置をとることを命ずるいとまがないときは、これらの規定にかかわらず、当該特定空家等に係る命令対象者の負担において、その措置を自ら行い、又は措置実施者に行わせることができる。

12　前二項の規定により負担させる費用の徴収については、行政代執行法第五条及び第六条の規定を準用する。

13　市町村長は、第三項の規定による命令をした場合においては、

いて、その措置を命ぜられた者がその措置を履行しないとき、履行しても十分でないとき又は履行しても同項の期限までに完了する見込みがないときは、行政代執行法（昭和二十三年法律第四十三号）の定めるところに従い、自ら義務者のなすべき行為をし、又は第三者をしてこれをさせることができる。

10　第三項の規定により必要な措置を命じようとする場合において、過失がなくてその措置を命ぜられるべき者を確知することができないとき（過失がなくて第一項の助言若しくは指導又は第二項の勧告が行われるべき者を確知することができないため第三項に定める手続により命令を行うことができないときを含む。）は、市町村長は、その者の負担において、その措置を自ら行い、又はその命じた者若しくは委任した者に行わせることができる。この場合においては、相当の期限を定めて、その措置を行うべき旨及びその期限までにその措置を行わないときは、市町村長又はその命じた者若しくは委任した者がその措置を行うべき旨をあらかじめ公告しなければならない。

（新設）

（新設）

11　市町村長は、第三項の規定による命令をした場合においては、

標識の設置その他国土交通省令・総務省令で定める方法により、その旨を公示しなければならない。

14　前項の標識は、第三項の規定による命令に係る特定空家等に設置することができる。この場合においては、当該特定空家等の所有者等は、当該標識の設置を拒み、又は妨げてはならない。

15　第三項の規定による命令については、行政手続法（平成五年法律第八十八号）第三章（第十二条及び第十四条を除く。）の規定は、適用しない。

16　国土交通大臣及び総務大臣は、特定空家等に対する措置に関し、その適切な実施を図るために必要な指針を定めることができる。

17　前各項に定めるもののほか、特定空家等に対する措置に関し必要な事項は、国土交通省令・総務省令で定める。

第六章　空家等管理活用支援法人

（空家等管理活用支援法人の指定）

第二十三条　市町村長は、特定非営利活動促進法（平成十年法律第七号）第二条第二項に規定する特定非営利活動法人、一般社団法人若しくは一般財団法人又は空家等の管理若しくは活用を図る活動を行うことを目的とする会社であって、次条各号に掲げる業務を適正かつ確実に行うことができると認められるものを、その申請により、空家等管理活用支援法人（以下「支援法人」という。）として指定することができる。

2　市町村長は、前項の規定による指定をしたときは、当該支援法人の名称又は商号、住所及び事務所又は営業所の所在地を公示しなければならない。

3　支援法人は、その名称若しくは商号、住所又は事務所若しくは営業所の所在地を変更するときは、あらかじめ、その旨を市町村長に届け出なければならない。

標識の設置その他国土交通省令・総務省令で定める方法により、その旨を公示しなければならない。

12　前項の標識は、第三項の規定による命令に係る特定空家等に設置することができる。この場合においては、当該特定空家等の所有者等は、当該標識の設置を拒み、又は妨げてはならない。

13　第三項の規定による命令については、行政手続法（平成五年法律第八十八号）第三章（第十二条及び第十四条を除く。）の規定は、適用しない。

14　国土交通大臣及び総務大臣は、特定空家等に対する措置に関し、その適切な実施を図るために必要な指針を定めることができる。

15　前各項に定めるもののほか、特定空家等に対する措置に関し必要な事項は、国土交通省令・総務省令で定める。

（新設）

（新設）

4 市町村長は、前項の規定による届出があったときは、当該届出に係る事項を公示しなければならない。

（支援法人の業務）
第二十四条 支援法人は、次に掲げる業務を行うものとする。
一 空家等の所有者等その他空家等の管理又は活用を行おうとする者に対し、当該空家等の管理又は活用の方法に関する情報の提供又は相談その他の当該空家等の適切な管理又はその活用を図るために必要な援助を行うこと。
二 委託に基づき、定期的な空家等の状態の確認、空家等の活用のために行う改修その他の空家等の管理又は活用のため必要な事業又は事務を行うこと。
三 委託に基づき、空家等の所有者等の探索を行うこと。
四 空家等の管理又は活用に関する調査研究を行うこと。
五 空家等の管理又は活用に関する普及啓発を行うこと。
六 前各号に掲げるもののほか、空家等の管理又は活用を図るために必要な事業又は事務を行うこと。

（新設）

（監督等）
第二十五条 市町村長は、前条各号に掲げる業務の適正かつ確実な実施を確保するため必要があると認めるときは、支援法人に対し、その業務に関し報告をさせることができる。
2 市町村長は、支援法人が前条各号に掲げる業務を適正かつ確実に実施していないと認めるときは、支援法人に対し、その業務の運営の改善に関し必要な措置を講ずべきことを命ずることができる。
3 市町村長は、支援法人が前項の規定による命令に違反したときは、第二十三条第一項の規定による指定を取り消すことができる。
4 市町村長は、前項の規定により指定を取り消したときは、その

（新設）

旨を公示しなければならない。

（情報の提供等）

第二十六条　国及び地方公共団体は、支援法人に対し、その業務の実施に関し必要な情報の提供又は指導若しくは助言をするものとする。

2　市町村長は、支援法人からその業務の遂行のため空家等の所有者等を知る必要があるとして、空家等の所有者等に関する情報（以下この項及び次項において「所有者等関連情報」という。）の提供の求めがあったときは、当該空家等の所有者等の探索に必要な限度で、当該支援法人に対し、所有者等関連情報を提供するものとする。

3　前項の場合において、市町村長は、支援法人に対し所有者等関連情報を提供するときは、あらかじめ、当該所有者等関連情報を提供することについて本人（当該所有者等関連情報によって識別される特定の個人をいう。）の同意を得なければならない。

4　前項の同意は、その所在が判明している者に対して求めれば足りる。

（新設）

（支援法人による空家等対策計画の作成等の提案）

第二十七条　支援法人は、その業務を行うために必要があると認めるときは、市町村に対し、国土交通省令・総務省令で定めるところにより、空家等対策計画の作成又は変更をすることを提案することができる。この場合においては、基本指針に即して、当該提案に係る空家等対策計画の素案を作成して、これを提示しなければならない。

2　前項の規定による提案を受けた市町村は、当該提案に基づき空家等対策計画の作成又は変更をするか否かについて、遅滞なく、当該提案をした支援法人に通知するものとする。この場合において、空家等対策計画の作成又は変更をしないこととするときは、

（新設）

その理由を明らかにしなければならない。	
（市町村長への要請） 第二十八条　支援法人は、空家等、管理不全空家等又は特定空家等につき、その適切な管理のため特に必要があると認めるときは、市町村長に対し、第十四条各項の規定による請求をするよう要請することができる。 ２　市町村長は、前項の規定による要請があった場合において、必要があると認めるときは、第十四条各項の規定による請求をするものとする。 ３　市町村長は、第一項の規定による要請があった場合において、第十四条各項の規定による請求をする必要がないと判断したときは、遅滞なく、その旨及びその理由を、当該要請をした支援法人に通知するものとする。	（新設）
第七章　雑則	（新設）
第二十九条　国及び都道府県は、市町村が行う空家等対策計画に基づく空家等に関する対策の適切かつ円滑な実施に資するため、空家等に関する対策の実施に要する費用に対する補助、地方交付税制度の拡充その他の必要な財政上の措置を講ずるものとする。 ２　国及び地方公共団体は、前項に定めるもののほか、市町村が行う空家等対策計画に基づく空家等に関する対策の適切かつ円滑な実施に資するため、必要な税制上の措置その他の措置を講ずるものとする。	（財政上の措置及び税制上の措置等） 第十五条　国及び都道府県は、市町村が行う空家等対策計画に基づく空家等に関する対策の適切かつ円滑な実施に資するため、空家等に関する対策の実施に要する費用に対する補助、地方交付税制度の拡充その他の必要な財政上の措置を講ずるものとする。 ２　国及び地方公共団体は、前項に定めるもののほか、市町村が行う空家等対策計画に基づく空家等に関する対策の適切かつ円滑な実施に資するため、必要な税制上の措置その他の措置を講ずるものとする。
第八章　罰則	（新設）
	（過料）

第三十条　第二十二条第三項の規定による市町村長の命令に違反した者は、五十万円以下の過料に処する。
2　第九条第二項の規定による報告をせず、若しくは虚偽の報告をし、又は同項の規定による立入調査を拒み、妨げ、若しくは忌避した者は、二十万円以下の過料に処する。

第十六条　第十四条第三項の規定による市町村長の命令に違反した者は、五十万円以下の過料に処する。
2　第九条第二項の規定による立入調査を拒み、妨げ、又け忌避した者は、二十万円以下の過料に処する。

○　地方税法（昭和二十五年法律第二百二十六号）（抄）（附則第五条関係）

（傍線の部分は改正部分）

改正案	現行
（住宅用地に対する固定資産税の課税標準の特例） 第三百四十九条の三の二　専ら人の居住の用に供する家屋又はその一部を人の居住の用に供する家屋で政令で定めるものの敷地の用に供されている土地で政令で定めるもの（前条（第十一項を除く。）の規定の適用を受けるもの並びに空家等対策の推進に関する特別措置法（平成二十六年法律第百二十七号）第十三条第二項の規定により所有者等（同法第五条に規定する所有者等をいう。以下この項において同じ。）に対し勧告がされた同法第十三条第一項に規定する管理不全空家等及び同法第二十二条第二項の規定により所有者等に対し勧告がされた同法第二条第二項に規定する特定空家等の敷地の用に供されている土地を除く。以下この条、次条第一項、第三百五十二条の二第一項及び第三項並びに第三百八十四条において「住宅用地」という。）に対して課する固定資産税の課税標準は、第三百四十九条及び前条第十一項の規定にかかわらず、当該住宅用地に係る固定資産税の課税標準となるべき価格の三分の一の額とする。 2・3　（略）	（住宅用地に対する固定資産税の課税標準の特例） 第三百四十九条の三の二　専ら人の居住の用に供する家屋又はその一部を人の居住の用に供する家屋で政令で定めるものの敷地の用に供されている土地で政令で定めるもの（前条（第十一項を除く。）の規定の適用を受けるもの及び空家等対策の推進に関する特別措置法（平成二十六年法律第百二十七号）第十四条第二項の規定により所有者等（同法第三条に規定する所有者等をいう。）に対し勧告がされた同法第二条第二項に規定する特定空家等の敷地の用に供されている土地を除く。以下この条、次条第一項、第三百五十二条の二第一項及び第三項並びに第三百八十四条において「住宅用地」という。）に対して課する固定資産税の課税標準は、第三百四十九条及び前条第十一項の規定にかかわらず、当該住宅用地に係る固定資産税の課税標準となるべき価格の三分の一の額とする。 2・3　（略）

○ 独立行政法人都市再生機構法（平成十五年法律第百号）（抄）（附則第七条関係）

（傍線の部分は改正部分）

改正案	現行
第十一条 （略） 2 機構は、前項の業務のほか、次に掲げる業務を行う。 一～八 （略） 九 空家等対策の推進に関する特別措置法（平成二十六年法律第百二十七号）第二十条に規定する業務 十 （略） 3 （略）	第十一条 （略） 2 機構は、前項の業務のほか、次に掲げる業務を行う。 一～八 （略） （新設） 九 （略） 3 （略）

○　独立行政法人住宅金融支援機構法（平成十七年法律第八十二号）（抄）（附則第八条関係）

（傍線の部分は改正部分）

改正案	現行
（業務の範囲） 第十三条　機構は、第四条の目的を達成するため、次の業務を行う。 一～十　（略） 十一　機構が第一号の業務により譲り受ける貸付債権に係る貸付けを受けた者若しくは第五号から第七号まで若しくは前号若しくは次項第三号若しくは第六号の規定による貸付けを受けた者とあらかじめ契約を締結して、その者が死亡した場合（重度障害の状態となった場合を含む。以下同じ。）に支払われる生命保険の保険金若しくは生命共済の共済金（以下「保険金等」という。）を当該貸付けに係る債務の弁済に充当し、又は沖縄振興開発金融公庫法（昭和四十七年法律第三十一号）第十九条第一項第三号の規定による貸付けを受けた者とあらかじめ契約を締結して、その者が死亡した場合に支払われる保険金等により当該貸付けに係る債務を弁済すること。 十二　（略） 2　機構は、前項に規定する業務のほか、次の業務を行う。 一　（略） 二　空家等対策の推進に関する特別措置法（平成二十六年法律第百二十七号）第二十一条の規定による情報の提供その他の援助を行うこと。 三～八　（略） （区分経理） 第十七条　機構は、次に掲げる業務ごとに経理を区分し、それぞれ	（業務の範囲） 第十三条　機構は、第四条の目的を達成するため、次の業務を行う。 一～十　（略） 十一　機構が第一号の業務により譲り受ける貸付債権に係る貸付けを受けた者若しくは第五号から第七号まで若しくは前号若しくは次項第二号若しくは第五号の規定による貸付けを受けた者とあらかじめ契約を締結して、その者が死亡した場合（重度障害の状態となった場合を含む。以下同じ。）に支払われる生命保険の保険金若しくは生命共済の共済金（以下「保険金等」という。）を当該貸付けに係る債務の弁済に充当し、又は沖縄振興開発金融公庫法（昭和四十七年法律第三十一号）第十九条第一項第三号の規定による貸付けを受けた者とあらかじめ契約を締結して、その者が死亡した場合に支払われる保険金等により当該貸付けに係る債務を弁済すること。 十二　（略） 2　機構は、前項に規定する業務のほか、次の業務を行う。 一　（略） （新設） 二～七　（略） （区分経理） 第十七条　機構は、次に掲げる業務ごとに経理を区分し、それぞれ

勘定を設けて整理しなければならない。
一　（略）
二　第十三条第一項第三号の業務（特定貸付債権に係るものを除く。）及び同条第二項第五号の業務並びにこれらに附帯する業務
三　第十三条第二項第六号の業務及びこれに附帯する業務
四　（略）

（長期借入金及び住宅金融支援機構債券等）
第十九条　機構は、第十三条第一項（第四号及び第十二号を除く。）及び第二項第三号から第六号までの業務に必要な費用に充てるため、主務大臣の認可を受けて、長期借入金をし、又は住宅金融支援機構債券（以下「機構債券」という。）を発行することができる。
2　（略）
3　機構は、第十三条第二項第六号の業務に必要な費用に充てるため、主務大臣の認可を受けて、勤労者財産形成促進法第六条第一項に規定する勤労者財産形成貯蓄契約、同条第二項に規定する勤労者財産形成年金貯蓄契約又は同条第四項に規定する勤労者財産形成住宅貯蓄契約を締結した同条第一項第一号に規定する金融機関等、同項第二号に規定する生命保険会社等及び同項第二号の二に規定する損害保険会社が引き受けるべきものとして、住宅金融支援機構財形住宅債券（以下「財形住宅債券」という。）を発行することができる。
4・5　（略）
6　機構は、第十三条第二項第六号の業務に係る長期借入金の借入れに関する事務の全部又は一部を主務省令で定める金融機関に、機構債券又は財形住宅債券の発行に関する事務の全部又は一部を本邦又は外国の銀行、信託会社又は金融商品取引業（金融商品取引法（昭和二十三年法律第二十五号）第二条第八項に規定する金

勘定を設けて整理しなければならない。
一　（略）
二　第十三条第一項第三号の業務（特定貸付債権に係るものを除く。）及び同条第二項第四号の業務並びにこれらに附帯する業務
三　第十三条第二項第五号の業務及びこれに附帯する業務
四　（略）

（長期借入金及び住宅金融支援機構債券等）
第十九条　機構は、第十三条第一項（第四号及び第十二号を除く。）及び第二項第二号から第五号までの業務に必要な費用に充てるため、主務大臣の認可を受けて、長期借入金をし、又は住宅金融支援機構債券（以下「機構債券」という。）を発行することができる。
2　（略）
3　機構は、第十三条第二項第五号の業務に必要な費用に充てるため、主務大臣の認可を受けて、勤労者財産形成促進法第六条第一項に規定する勤労者財産形成貯蓄契約、同条第二項に規定する勤労者財産形成年金貯蓄契約又は同条第四項に規定する勤労者財産形成住宅貯蓄契約を締結した同条第一項第一号に規定する金融機関等、同項第二号に規定する生命保険会社等及び同項第二号の二に規定する損害保険会社が引き受けるべきものとして、住宅金融支援機構財形住宅債券（以下「財形住宅債券」という。）を発行することができる。
4・5　（略）
6　機構は、第十三条第二項第五号の業務に係る長期借入金の借入れに関する事務の全部又は一部を主務省令で定める金融機関に、機構債券又は財形住宅債券の発行に関する事務の全部又は一部を本邦又は外国の銀行、信託会社又は金融商品取引業（金融商品取引法（昭和二十三年法律第二十五号）第二条第八項に規定する金

融商品取引業をいう。次項において同じ。）を行う者に委託することができる。

7・8　（略）

（貸付債権の信託の受益権の譲渡等）

第二十二条　機構は、主務大臣の認可を受けて、債権譲受業務又は第十三条第一項第五号から第十号まで若しくは第二項第三号若しくは第四号の業務に必要な費用に充てるため、その貸付債権について、次に掲げる行為をすることができる。

一～三　（略）

（厚生労働大臣との協議）

第二十八条　主務大臣は、第十三条第二項第六号の業務に関し、通則法第二十八条第一項の認可をしようとするときは、厚生労働大臣に協議しなければならない。

附　則

（業務の特例等）

第七条　（略）

2～5　（略）

6　機構が第一項から第四項までに規定する業務を行う場合には、第十五条第一項、第十八条第一項及び第三十五条第二号中「第十三条」とあるのは「第十三条及び附則第七条第一項から第四項まで」と、第十六条第一項中「除く。）」とあるのは「除く。）及び附則第七条第一項から第四項まで」と、第十七条第三号中「業務及び」とあるのは「業務（附則第七条第一項第一号及び第二項（第一号に係る部分に限る。）に規定する業務で附則第十六条の規定による改正前の勤労者財産形成促進法第十条第一項本文の規定による貸付けに係るものを含む。）及び」と、同条第四号中「

融商品取引業をいう。次項において同じ。）を行う者に委託することができる。

7・8　（略）

（貸付債権の信託の受益権の譲渡等）

第二十二条　機構は、主務大臣の認可を受けて、債権譲受業務又は第十三条第一項第五号から第十号まで若しくは第二項第二号若しくは第三号の業務に必要な費用に充てるため、その貸付債権について、次に掲げる行為をすることができる。

一～三　（略）

（厚生労働大臣との協議）

第二十八条　主務大臣は、第十三条第二項第五号の業務に関し、通則法第二十八条第一項の認可をしようとするときは、厚生労働大臣に協議しなければならない。

附　則

（業務の特例等）

第七条　（略）

2～5　（略）

6　機構が第一項から第四項までに規定する業務を行う場合には、第十五条第一項、第十八条第一項及び第三十五条第二号中「第十三条」とあるのは「第十三条及び附則第七条第一項から第四項まで」と、第十六条第一項中「除く。）」とあるのは「除く。）及び附則第七条第一項から第四項まで」と、第十七条第三号中「業務及び」とあるのは「業務（附則第七条第一項第一号及び第二項（第一号に係る部分に限る。）に規定する業務で附則第十六条の規定による改正前の勤労者財産形成促進法第十条第一項本文の規定による貸付けに係るものを含む。）及び」と、同条第四号中「

掲げる業務」とあるのは「掲げる業務及び附則第七条第五項に規定する既往債権管理業務」と、第十九条第一項中「第六号まで」とあるのは「第六号まで並びに附則第七条第一項（第五号及び第六号を除く。）から第三項まで」と、第二十一条中「という。）により」とあるのは「という。）若しくは附則第七条第一項第三号の業務により」と、第二十二条中「第四号」とあるのは「第四号若しくは附則第七条第一項第一号若しくは第三号若しくは第二項」とする。

7〜15　（略）

掲げる業務」とあるのは「掲げる業務及び附則第七条第五項に規定する既往債権管理業務」と、第十九条第一項中「第五号まで」とあるのは「第五号まで並びに附則第七条第一項（第五号及び第六号を除く。）から第三項まで」と、第二十一条中「という。）により」とあるのは「という。）若しくは附則第七条第一項第三号の業務により」と、第二十二条中「第三号」とあるのは「第三号若しくは附則第七条第一項第一号若しくは第三号若しくは第二項」とする。

7〜15　（略）

空家等対策の推進に関する特別措置法の一部を改正する法律（令和五年法律第五十号） 参照条文 目次

空家等対策の推進に関する特別措置法の一部を改正する法律（令和五年法律第五十号）　参照条文

○　空家等対策の推進に関する特別措置法（平成二十六年法律第百二十七号）

（目的）
第一条　この法律は、適切な管理が行われていない空家等が防災、衛生、景観等の地域住民の生活環境に深刻な影響を及ぼしていることに鑑み、地域住民の生命、身体又は財産を保護するとともに、その生活環境の保全を図り、あわせて空家等の活用を促進するため、空家等に関する施策に関し、国による基本指針の策定、市町村（特別区を含む。第十条第二項を除き、以下同じ。）による空家等対策計画の作成その他の空家等に関する施策を推進するために必要な事項を定めることにより、空家等に関する施策を総合的かつ計画的に推進し、もって公共の福祉の増進と地域の振興に寄与することを目的とする。

（定義）
第二条　この法律において「空家等」とは、建築物又はこれに附属する工作物であって居住その他の使用がなされていないことが常態であるもの及びその敷地（立木その他の土地に定着する物を含む。）をいう。ただし、国又は地方公共団体が所有し、又は管理するものを除く。
2　この法律において「特定空家等」とは、そのまま放置すれば倒壊等著しく保安上危険となるおそれのある状態又は著しく衛生上有害となるおそれのある状態、適切な管理が行われていないことにより著しく景観を損なっている状態その他周辺の生活環境の保全を図るために放置することが不適切である状態にあると認められる空家等をいう。

（空家等の所有者等の責務）
第三条　空家等の所有者又は管理者（以下「所有者等」という。）は、周辺の生活環境に悪影響を及ぼさないよう、空家等の適切な管理に努めるものとする。

（市町村の責務）
第四条　市町村は、第六条第一項に規定する空家等対策計画の作成及びこれに基づく空家等に関する対策の実施その他の空家等に関する必要な措置を適切に講ずるよう努めるものとする。

（基本指針）
第五条　国土交通大臣及び総務大臣は、空家等に関する施策を総合的かつ計画的に実施するための基本的な指針（以下「基本指針」という。）を定めるものとする。
2　基本指針においては、次に掲げる事項を定めるものとする。

一　空家等に関する施策の実施に関する基本的な事項
二　次条第一項に規定する空家等対策計画に関する事項
三　その他空家等に関する施策を総合的かつ計画的に実施するために必要な事項
3　国土交通大臣及び総務大臣は、基本指針を定め、又はこれを変更しようとするときは、あらかじめ、関係行政機関の長に協議するものとする。
4　国土交通大臣及び総務大臣は、基本指針を定め、又はこれを変更したときは、遅滞なく、これを公表しなければならない。

（空家等対策計画）
第六条　市町村は、その区域内で空家等に関する対策を総合的かつ計画的に実施するため、基本指針に即して、空家等に関する対策についての計画（以下「空家等対策計画」という。）を定めることができる。
2　空家等対策計画においては、次に掲げる事項を定めるものとする。
一　空家等に関する対策の対象とする地区及び対象とする空家等の種類その他の空家等に関する対策に関する基本的な方針
二　計画期間
三　空家等の調査に関する事項
四　所有者等による空家等の適切な管理の促進に関する事項
五　空家等及び除却した空家等に係る跡地（以下「空家等の跡地」という。）の活用の促進に関する事項
六　特定空家等に対する措置（第十四条第一項の規定による助言若しくは指導、同条第二項の規定による勧告、同条第三項の規定による命令又は同条第九項若しくは第十項の規定による代執行をいう。以下同じ。）その他の特定空家等への対処に関する事項
七　住民等からの空家等に関する相談への対応に関する事項
八　空家等に関する対策の実施体制に関する事項
九　その他空家等に関する対策の実施に関し必要な事項
3　市町村は、空家等対策計画を定め、又はこれを変更したときは、遅滞なく、これを公表しなければならない。
4　市町村は、都道府県知事に対し、空家等対策計画の作成及び変更並びに実施に関し、情報の提供、技術的な助言その他必要な援助を求めることができる。

（協議会）
第七条　市町村は、空家等対策計画の作成及び変更並びに実施に関する協議を行うための協議会（以下この条において「協議会」という。）を組織することができる。
2　協議会は、市町村長（特別区の区長を含む。以下同じ。）のほか、地域住民、市町村の議会の議員、法務、不動産、建築、福祉、文化等に関する学識経験者その他の市町村長が必要と認める者をもって構成する。
3　前二項に定めるもののほか、協議会の運営に関し必要な事項は、協議会が定める。

（都道府県による援助）

第八条　都道府県知事は、空家等対策計画の作成及び変更並びに実施その他空家等に関しこの法律に基づき市町村が講ずる措置について、当該市町村に対する情報の提供及び技術的な助言、市町村相互間の連絡調整その他必要な援助を行うよう努めなければならない。

（立入調査等）

第九条　市町村長は、当該市町村の区域内にある空家等の所在及び当該空家等の所有者等を把握するための調査その他空家等に関しこの法律の施行のために必要な調査を行うことができる。

2　市町村長は、第十四条第一項から第三項までの規定の施行に必要な限度において、当該職員又はその委任した者に、空家等と認められる場所に立ち入って調査をさせることができる。

3　市町村長は、前項の規定により当該職員又はその委任した者を空家等と認められる場所に立ち入らせようとするときは、その五日前までに、当該空家等の所有者等にその旨を通知しなければならない。ただし、当該所有者等に対し通知することが困難であるときは、この限りでない。

4　第二項の規定により空家等と認められる場所に立ち入ろうとする者は、その身分を示す証明書を携帯し、関係者の請求があったときは、これを提示しなければならない。

5　第二項の規定による立入調査の権限は、犯罪捜査のために認められたものと解釈してはならない。

（空家等の所有者等に関する情報の利用等）

第十条　市町村長は、固定資産税の課税その他の事務のために利用する目的で保有する情報であって氏名その他の空家等の所有者等に関するものについては、この法律の施行のために必要な限度において、その保有に当たって特定された利用の目的以外の目的のために内部で利用することができる。

2　都知事は、固定資産税の課税その他の事務で市町村が処理するものとされているもののうち特別区の存する区域においては都が処理するものとされているもののために利用する目的で都が保有する情報であって、特別区の区域内にある空家等の所有者等に関するものについて、当該特別区の区長から提供を求められたときは、この法律の施行のために必要な限度において、速やかに当該情報の提供を行うものとする。

3　前項に定めるもののほか、市町村長は、この法律の施行のために必要があるときは、関係する地方公共団体の長その他の者に対して、空家等の所有者等の把握に関し必要な情報の提供を求めることができる。

（空家等に関するデータベースの整備等）

第十一条　市町村は、空家等（建築物を販売し、又は賃貸する事業を行う者が販売し、又は賃貸するために所有し、又は管理するもの（周辺の生活環境に悪影響を及ぼさないよう適切に管理されているものに限る。）を除く。以下第十三条までにおいて同じ。）に関するデータベースの整備その他空家等に関する正確な情報を把握するために必要な措置を講ずるよう努めるものとする。

（所有者等による空家等の適切な管理の促進）
第十二条　市町村は、所有者等による空家等の適切な管理を促進するため、これらの者に対し、情報の提供、助言その他必要な援助を行うよう努めるものとする。

（空家等及び空家等の跡地の活用等）
第十三条　市町村は、空家等及び空家等の跡地（土地を販売し、又は賃貸する事業を行う者が販売し、又は賃貸するために所有し、又は管理するものを除く。）に関する情報の提供その他これらの活用のために必要な対策を講ずるよう努めるものとする。

（特定空家等に対する措置）
第十四条　市町村長は、特定空家等の所有者等に対し、当該特定空家等に関し、除却、修繕、立木竹の伐採その他周辺の生活環境の保全を図るために必要な措置（そのまま放置すれば倒壊等著しく保安上危険となるおそれのある状態又は著しく衛生上有害となるおそれのある状態にない特定空家等については、建築物の除却を除く。次項において同じ。）をとるよう助言又は指導をすることができる。
2　市町村長は、前項の規定による助言又は指導をした場合において、なお当該特定空家等の状態が改善されないと認めるときは、当該助言又は指導を受けた者に対し、相当の猶予期限を付けて、除却、修繕、立木竹の伐採その他周辺の生活環境の保全を図るために必要な措置をとることを勧告することができる。
3　市町村長は、前項の規定による勧告を受けた者が正当な理由がなくてその勧告に係る措置をとらなかった場合において、特に必要があると認めるときは、その者に対し、相当の猶予期限を付けて、その勧告に係る措置をとることを命ずることができる。
4　市町村長は、前項の措置を命じようとする場合においては、あらかじめ、その措置を命じようとする者に対し、その命じようとする措置及びその事由並びに意見書の提出先及び提出期限を記載した通知書を交付して、その措置を命じようとする者又はその代理人に意見書及び自己に有利な証拠を提出する機会を与えなければならない。
5　前項の通知書の交付を受けた者は、その交付を受けた日から五日以内に、市町村長に対し、意見書の提出に代えて公開による意見の聴取を行うことを請求することができる。
6　市町村長は、前項の規定による意見の聴取の請求があった場合においては、第三項の措置を命じようとする者又はその代理人の出頭を求めて、公開による意見の聴取を行わなければならない。
7　市町村長は、前項の規定による意見の聴取を行う場合においては、第三項の規定によって命じようとする措置並びに意見の聴取の期日及び場所を、期日の三日前までに、前項に規定する者に通知するとともに、これを公告しなければならない。
8　第六項に規定する者は、意見の聴取に際して、証人を出席させ、かつ、自己に有利な証拠を提出することができる。
9　市町村長は、第三項の規定により必要な措置を命じた場合において、その措置を命ぜられた者がその措置を履行しないとき、履行しても十分でないとき又は履行しても同項の期限までに完了する見込みがないときは、行政代執行法（昭和二十三年法律第四十三号）の定めるところに従い、自ら義務者のなすべき行為をし、又は第三者をしてこれをさせることができる。
10　第三項の規定により必要な措置を命じようとする場合において、過失がなくてその措置を命ぜられるべき者を確知することができないとき（過失がなくて第一項の助言若しくは指導又は第二項の勧告が行われるべき者を確知することができないため第三項に定める手続により命令を行うことができないときを含む。）は、市町村長は、その者の負担において、その措置を自ら行い、又はその命じた者若しくは委任した者に行わせることができる。この場合においては、相当の期限を定めて、その措置を行うべき旨及びその期限までにその措置を行わないときは、市町村長又はその命じた者若しくは委任した者がその措置を行うべき旨をあらかじめ公告しなければならない。
11　市町村長は、第三項の規定による命令をした場合においては、標識の設置その他国土交通省令・総務省令で定める方法により、その旨を公示しなければならない。
12　前項の標識は、第三項の規定による命令に係る特定空家等に設置することができる。この場合においては、当該特定空家等の所有者等は、当該標識の設置を拒み、又は妨げてはならない。
13　第三項の規定による命令については、行政手続法（平成五年法律第八十八号）第三章（第十二条及び第十四条を除く。）の規定は、適用しない。
14　国土交通大臣及び総務大臣は、特定空家等に対する措置に関し、その適切な実施を図るために必要な指針を定めることができる。
15　前各項に定めるもののほか、特定空家等に対する措置に関し必要な事項は、国土交通省令・総務省令で定める。

（財政上の措置及び税制上の措置等）
第十五条　国及び都道府県は、市町村が行う空家等対策計画に基づく空家等に関する対策の適切かつ円滑な実施に資するため、空家等に関する対策の実施に要する費用に対する補助、地方交付税制度の拡充その他の必要な財政上の措置を講ずるものとする。
2　国及び地方公共団体は、前項に定めるもののほか、市町村が行う空家等対策計画に基づく空家等に関する対策の適切かつ円滑な実施に資するため、必要な税制上の措置その他の措置を講ずるものとする。

（過料）
第十六条　第十四条第三項の規定による市町村長の命令に違反した者は、五十万円以下の過料に処する。
2　第九条第二項の規定による立入調査を拒み、妨げ、又は忌避した者は、二十万円以下の過料に処する。

○　地方税法（昭和二十五年法律第二百二十六号）（抄）
※地方税法等の一部を改正する法律（令和五年法律第一号）による改正後のもの

（土地又は家屋に対して課する固定資産税の課税標準）
第三百四十九条　基準年度に係る賦課期日に所在する土地又は家屋（以下「基準年度の土地又は家屋」という。）に対して課する基準年度の固定資産税の課税標準は、当該土地又は家屋の基準年度に係る賦課期日における価格（以下「基準年度の価格」という。）で土地課税台帳若しくは土地補充課税台帳（以下「土地課税台帳等」という。）又は家屋課税台帳若しくは家屋補充課税台帳（以下「家屋課税台帳等」という。）に登録されたものとする。

2　基準年度の土地又は家屋に対して課する第二年度の固定資産税の課税標準は、当該土地又は家屋に係る基準年度の固定資産税の課税標準の基礎となつた価格で土地課税台帳等又は家屋課税台帳等に登録されたものとする。ただし、基準年度の土地又は家屋について第二年度の固定資産税の賦課期日において次の各号に掲げる事情があるため、基準年度の固定資産税の課税標準の基礎となつた価格によることが不適当であるか又は当該市町村を通じて固定資産税の課税上著しく均衡を失すると市町村長が認める場合においては、当該土地又は家屋に対して課する第二年度の固定資産税の課税標準は、当該土地又は家屋に類似する土地又は家屋の基準年度の価格に比準する価格で土地課税台帳等又は家屋課税台帳等に登録されたものとする。

一　地目の変換、家屋の改築又は損壊その他これらに類する特別の事情

二　市町村の廃置分合又は境界変更

3　基準年度の土地又は家屋に対して課する第三年度の固定資産税の課税標準は、当該土地又は家屋に係る基準年度の固定資産税の課税標準の基礎となつた価格（第二年度において前項ただし書に掲げる事情があつたため、同項ただし書の規定によつて当該土地又は家屋に対して課する第二年度の固定資産税の課税標準とされた価格がある場合においては、当該価格とする。以下本項において同じ。）で土地課税台帳等又は家屋課税台帳等に登録されたものとする。ただし、基準年度の土地又は家屋について第三年度の固定資産税の賦課期日において前項各号に掲げる事情があるため、基準年度の固定資産税の課税標準の基礎となつた価格によることが不適当であるか又は当該市町村を通じて固定資産税の課税上著しく均衡を失すると市町村長が認める場合においては、当該土地又は家屋に対して課する第三年度の固定資産税の課税標準は、当該土地又は家屋に類似する土地又は家屋の基準年度の価格に比準する価格で土地課税台帳等又は家屋課税台帳等に登録されたものとする。

4　第二年度において新たに固定資産税を課することとなる土地又は家屋（以下「第二年度の土地又は家屋」という。）に対して課する第二年度の固定資産税の課税標準は、当該土地又は家屋に類似する土地又は家屋の基準年度の価格に比準する価格で土地課税台帳等又は家屋課税台帳等に登録されたものとする。

5　第二年度の土地又は家屋に対して課する第三年度の固定資産税の課税標準は、当該土地又は家屋に係る第二年度の固定資産税の課税標準の基礎となつた価格で土地課税台帳等又は家屋課税台帳等に登録されたものとする。ただし、第二年度の土地又は家屋について、第三年度の固定資産税の賦課期日において第二項各号に掲げる事情があるため、第二年度の固定資産税の課税標準の基礎となつた価格によることが不適当であるか又は当該市町村を通じて固定資産税の課税上著しく均衡を失すると市町村長が認める場合においては、当該土地又は家屋に対して課する第三年度の固定資産税の課税標準は、当該土地又は家屋に類似する土地又は家屋の基準年度の価格に比準する価格で土地課税台帳等又は家屋課税台帳等に登録されたものとする。

6　第三年度において新たに固定資産税を課することとなる土地又は家屋（以下「第三年度の土地又は家屋」という。）に対して課する第三年度の固定資産税の課税標準は、当該土地又は家屋に類似する土地又は家屋の基準年度の価格に比準する価格で土地課税台帳等又は家屋課税台帳等に登録されたものとする。

（固定資産税の課税標準等の特例）

第三百四十九条の三　鉄道事業法第七条第一項に規定する鉄道事業者若しくは軌道法第四条に規定する軌道経営者又は独立行政法人鉄道建設・運輸施設整備支援機構が新たな営業路線の開業のために敷設した鉄道（鉄道事業法第二条第六項に規定する専用鉄道を除く。以下この項において同じ。）又は軌道に係る線路設備、電路設備その他の政令で定める構築物（営業路線の線路の増設をするために敷設した鉄道又は軌道に係る線路設備、電路設備その他の政令で定める構築物を含む。）に対して課する固定資産税の課税標準は、前条の規定にかかわらず、当該構築物に対して新たに固定資産税が課されることとなつた年度から五年度分の固定資産税については当該構築物の価格（償却資産課税台帳に登録された賦課期日における価格をいう。以下この条において同じ。）の三分の一の額とし、その後五年度分の固定資産税については当該構築物の価格の三分の二の額とする。ただし、当該構築物のうち、鉄道又は軌道と道路とを立体交差させるために新たに建設された立体交差化施設に係る線路設備で総務省令で定めるものに対して課する固定資産税の課税標準は、当該線路設備の価格の三分の一（当該線路設備に対して新たに固定資産税が課されることとなつた年度から五年度分の固定資産税については、当該線路設備の価格の六分の一）の額とする。

2　ガス事業法第二条第六項に規定する一般ガス導管事業者（同法第五十四条の二に規定する特別一般ガス導管事業者を除く。以下この項において同じ。）が新設した同法第二条第五項に規定する一般ガス導管事業の用に供する償却資産（同条第六項に規定する一般ガス導管事業者を構成員とする中小企業等協同組合その他の政令で定める法人が新設した当該一般ガス導管事業者に対してガスを供給する事業の用に供するものを含む。）のうち政令で定めるものに対して課する固定資産税の課税標準は、前条の規定にかかわらず、当該償却資産に対して新たに固定資産税が課されることとなつた年度から五年度分の固定資産税については当該償却資産の価格の三分の一の額とし、その後五年度分の固定資産税については当該償却資産の価格の三分の二の額とする。

3　農業協同組合、中小企業等協同組合（事業協同小組合及び企業組合を除く。）その他政令で定める法人が国の補助金又は交付金で政令で定めるものの交付を受けて取得した農林漁業者又は中小企業者の共同利用に供する機械及び装置で政令で定めるもの（前項の規定の適用を受けるものを除く。）に対して課する固定資産税の課税標準は、前条の規定にかかわらず、当該機械及び装置に対して新たに固定資産税が課されることとなつた年度から三年度分の固定資産税に限り、当該機械及び装置の価格の二分の一の額とする。

4　主として遠洋区域を航行区域とする船舶として総務省令で定めるもの（以下この項及び次項において「外航船舶」という。）又は外航船舶以外の船舶のうち主として遠洋区域を航行区域とする船舶で外航船舶に準ずるものとして総務省令で定めるもの（以下この項及び次項において「準外航船舶」という。）に対して課する固定資産税の課税標準は、前条の規定にかかわらず、外航船舶にあつては当該外航船舶の価格の六分の一の額とし、準外航船舶にあつては当該準外航船舶の価格の四分の一の額とする。

5　外航船舶及び準外航船舶以外の船舶（専ら遊覧の用に供するものその他の総務省令で定めるものを除く。）に対して課する固定資産税の課税標準は、前条の規定にかかわらず、当該船舶の価格の二分の一の額とする。

6　前項に規定する外航船舶及び準外航船舶以外の船舶のうち、離島航路整備法（昭和二十七年法律第二百二十六号）第二条第二項に規定する離島航路事業者が専ら同項に規定する離島航路事業の用に供するものに対して課する固定資産税の課税標準は、前項の規定により課税標準とされる額に三分の一を乗じて得た額とする。

7　国際路線に就航する航空機で航空法（昭和二十七年法律第二百三十一号）第百条の許可を受けた者が運航するもののうち総務省令で定めるもの（以下この項において「国際航空機」という。）に対して課する固定資産税の課税標準は、前条の規定にかかわらず、当該航空機の価格の五分の一の額（国際航空機のうち、国際路線専用機として総務省令で定めるものにあつては二分の一を、国際路線専用機に準ずるものとして総務省令で定めるものにあつては三分の二を当該額に乗じて得た額）とする。

8　主として離島路線として総務省令で定める路線に就航する航空機で総務省令で定めるもののうち、航空法第百条の許可を受けた者が当該航空機に係る第三百四十三条第一項の所有者（同条第九項の規定により所有者とみなされる者を含む。）であり、かつ、当該許可を受けた者が運航するものに対して課する固定資産税の課税標準は、前条の規定にかかわらず、当該航空機に対して課する固定資産税が課されることとなつた年度から三年度分の固定資産税については当該航空機の価格の三分の一の額とし、その後三年度分の固定資産税については当該航空機の価格の三分の二の額とする。ただし、当該航空機のうち、特に地域的な航空運送の用に供する小型の航空機として総務省令で定めるものに対して課する固定資産税の課税標準は、当該航空機の価格の四分の一の額とする。

9　日本放送協会が直接その本来の事業の用に供する固定資産で政令で定めるものに対して課する固定資産税の課税標準は、前二条の規定にかかわらず、当該固定資産に係る固定資産税の課税標準となるべき価格（土地又は家屋にあつては、土地課税台帳等若しくは家屋課税台帳等に登録された基準年度に係る賦課期日における価格又は第三百四十九条第二項ただし書、第三項ただし書、第四項、第五項ただし書若しくは第六項の規定により当該価格に比準するものとされる価格をいい、償却資産にあつては、償却資産課税台帳に登録された賦課期日における価格をいう。以下同じ。）の二分の一の額とする。この場合において、当該固定資産税に係る償却資産は、第三百四十一条第四号の規定にかかわらず、同号の償却資産で放送法（昭和二十五年法律第百三十二号）第七十四条第一項の財産目録に登録されるべきものとする。

10　国立研究開発法人日本原子力研究開発機構が設置する国立研究開発法人日本原子力研究開発機構法（平成十六年法律第百五十五号）第十七条第一項第一号から第三号までに規定する業務の用に供する設備で政令で定めるもの及び当該設備を収容する家屋に対して課する固定資産税の課税標準は、前二条の規定にかかわらず、当該固定資産に対して新たに固定資産税が課されることとなつた年度から五年度分の固定資産税については、当該固定資産に係る固定資産税の課税標準となるべき価格の三分の一の額とし、その後五年度分の固定資産税については、当該固定資産に係る固定資産税の課税標準となるべき価格の三分の二の額とする。

11　文化財保護法第五十八条第一項に規定する登録有形文化財又は同法第九十条第三項に規定する登録有形民俗文化財である家屋、同法第百三十三条に規定する登録記念物である家屋及び当該家屋の敷地の用に供されている土地並びに同法第百三十四条第一項に規定する重要文化的景観を形成している家屋で政令で定めるもの及び当該家屋の敷地の用に供されている土地に対して課する固定資産税の課税標準は、第三百四十九条の規定にかかわらず、当該固定資産に係る固定資産税の課税標準となるべき価格の二分の一の額とする。

12　全国新幹線鉄道整備法第二条に規定する新幹線鉄道の路線のうち、北海道新幹線、東北新幹線、北陸新幹線及び九州新幹線に係る新たな営業路線の開業のために敷設された鉄道（鉄道事業法第二条第六項に規定する専用鉄道を除く。以下この項において同じ。）に係る線路設備、電路設備その他の政令で定める構築物（営業路線の軌間の拡張又は線路の増設をするために敷設した鉄道に係る線路設備、電路設備その他の政令で定める構築物を含む。）に対して課する固定資産税の課税標準は、前条又は第一項の規定にかかわらず、当該構築物に対して新たに固定資産税が課されることとなつた年度から五年度分の固定資産税については当該構築物の価格の六分の一の額とし、その後五年度分の固定資産税については当該構築物の価格の三分の一の額とする。

13　本州と北海道を連絡する鉄道に係る鉄道施設で政令で定めるもの又は本州と四国を連絡する鉄道に係る鉄道施設で政令で定めるものに係る償却資産に対して課する固定資産税の課税標準は、前条の規定にかかわらず、当該償却資産の価格の六分の一の額（第一項又は第二十四項の規定の適用を受ける償却資産にあつては、これらの規定により課税標準とされる額の六分の一の額）とする。

14　鉄道事業法第七条第一項に規定する鉄道事業者又は軌道法第四条に規定する軌道経営者が、河川その他公共の用に供される政令で定める水域に係る事業で政令で定めるものの施行により必要を生じた鉄道（鉄道事業法第二条第六項に規定する専用鉄道を除く。以下この項において同じ。）又は軌道に係る橋りようの新設若しくは改良又はトンネルの新設により敷設された線路設備又は電路設備（第一項本文の規定に該当するものを除く。以下この項において「線路設備等」という。）を取得して事業の用に供する場合には、当該線路設備等に対して課する固定資産税の課税標準は、前条の規定にかかわらず、当該線路設備等に対して新たに固定資産税が課されることとなつた年度から五年度分の固定資産税については当該線路設備等の価格の三分の二（当該線路設備等のうち当該河川に係る事業の施行により必要を生じた鉄道又は軌道に係る橋りようの新設若しくは改良又はトンネルの新設により敷設されたものにあつては、当該線路設備等の価格の六分の一）の額とし、その後五年度分の固定資産税については当該線路設備等の価格の六分の五（当該線路設備等のうち当該河川に係る事業の施行により必要を生じた鉄道又は軌道に係る橋りようの新設若しくは改良又はトンネルの新設により敷設されたものにあつては、当該線路設備等の価格の三分の一）の額とする。

15　国立研究開発法人宇宙航空研究開発機構が所有し、かつ、直接国立研究開発法人宇宙航空研究開発機構法第十八条第三号又は第四号に規定する業務の用に供する家屋及び償却資産で政令で定めるものに対して課する固定資産税の課税標準は、前二条の規定にかかわらず、当該固定資産に対して新たに固定資産税が課されることとなつた年度から五年度分の固定資産税については、当該固定資産に係る固定資産税の課税標準となるべき価格の三分の一の額とし、その後五年度分の固定資産税については、当該固定資産に係る固定資産税の課税標準となるべき価格の三分の二の額とする。

16　国立研究開発法人海洋研究開発機構が所有し、かつ、直接国立研究開発法人海洋研究開発機構法第十七条第一号、第三号、第四号又は第六号に規定する業務の用に供する家屋及び償却資産で政令で定めるものに対して課する固定資産税の課税標準は、前二条の規定にかかわらず、当該固定資産に対して新たに固定資産税が課されることとなつた年度から五年度分の固定資産税については、当該固定資産に係る固定資産税の課税標準となるべき価格の三分の一の額とし、その後五年度分の固定資産税については、当該固定資産に係る固定資産税の課税標準となるべき価格の三分の二の額とする。

17　独立行政法人水資源機構が所有するダム（ダムと一体となつてその効用を全うする施設及び工作物を含む。）の用に供する家屋及び償却資産（第三百四十八条第二項第二号に掲げる家屋並びに同号及び同項第四十五号に掲げる償却資産を除く。）のうち水道又は工業用水道の用に供するものとして政令で定める部分に対して課する固定資産税の課税標準は、前二条の規定にかかわらず、当該固定資産に対して新たに固定資産税が課されることとなつた年度から五年度分の固定資産税については、当該固定資産に係る固定資産税の課税標準となるべき価格の二分の一の額とし、その後五年度分の固定資産税については、当該固定資産に係る固定資産税の課税標準となるべき価格の四分の三の額とする。

18　日本国有鉄道改革法等施行法（昭和六十一年法律第九十三号）附則第二十三条第八項の規定により平成十三年旅客会社法改正法による改正前の旅客鉄道株式会社及び日本貨物鉄道株式会社に関する法律第一条第一項に規定する旅客会社から無償で日本国有鉄道改革法等施行法附則第二

十三条第一項に規定する特定地方交通線に係る鉄道施設の譲渡を受けた者、日本国有鉄道清算事業団の債務等の処理に関する法律（以下この項において「債務等処理法」という。）附則第九条の規定による廃止前の日本国有鉄道清算事業団法（昭和六十一年法律第九十号）附則第十三条第一項の規定により債務等処理法附則第二条の規定による解散前の日本国有鉄道清算事業団から無償で同項各号に掲げる鉄道施設の譲渡を受けた者又は独立行政法人鉄道建設・運輸施設整備支援機構法（以下この項において「機構法」という。）附則第十六条の規定による改正前の債務等処理法（以下この項において「旧債務等処理法」という。）第二十四条第一項の規定により機構法附則第二条第一項の規定による解散前の日本鉄道建設公団から無償で旧債務等処理法第二十四条第一項各号に掲げる鉄道施設の譲渡を受けた者がこれらの鉄道施設の譲渡により取得した固定資産で政令で定めるものを鉄道事業の用に供する場合には、当該固定資産に対して課する固定資産税の課税標準は、前二条の規定にかかわらず、当該固定資産に係る固定資産税の課税標準となるべき価格の四分の一の額（第一項、第十四項又は第二十四項の規定の適用を受ける償却資産にあつては、これらの規定により課税標準とされる額の四分の一の額）とする。

19　国立研究開発法人新エネルギー・産業技術総合開発機構が所有し、かつ、直接国立研究開発法人新エネルギー・産業技術総合開発機構法（平成十四年法律第百四十五号）第十五条第一号又は第二号に規定する業務の用に供する償却資産で政令で定めるものに対して課する固定資産税の課税標準は、前条の規定にかかわらず、当該償却資産に対して新たに固定資産税が課されることとなつた年度から五年度分の固定資産税については、当該償却資産の価格の三分の一の額とし、その後五年度分の固定資産税については、当該償却資産の価格の三分の二の額とする。

20　国立研究開発法人科学技術振興機構が所有し、かつ、直接国立研究開発法人科学技術振興機構法第二十三条第一項第一号、第三号（同項第一号に係る部分に限る。）、第八号イ又は第十号に規定する業務の用に供する家屋及び償却資産で政令で定めるものに対して課する固定資産税の課税標準は、前二条の規定にかかわらず、当該固定資産に対して新たに固定資産税が課されることとなつた年度から五年度分の固定資産税に限り、当該固定資産に係る固定資産税の課税標準となるべき価格の二分の一の額とする。

21　国立研究開発法人農業・食品産業技術総合研究機構が所有し、かつ、直接機構法第十四条第一項第一号に規定する業務（旧農業機械化促進法第十六条第一項第一号に規定する業務に該当するものに限る。）の用に供する土地（第三百四十八条第二項第三十六号に掲げる土地を除く。）で政令で定めるものに対して課する固定資産税の課税標準は、第三百四十九条の規定にかかわらず、当該土地に係る固定資産税の課税標準となるべき価格の三分の一（当該土地のうちほ場の用に供するものにあつては、当該土地に係る固定資産税の課税標準となるべき価格の六分の一）の額とする。

22　新関西国際空港株式会社が所有し、又は関西国際空港及び大阪国際空港の一体的かつ効率的な設置及び管理に関する法律第十二条第一項第二号の規定に基づき借り受ける固定資産のうち、直接その本来の事業の用に供する固定資産で政令で定めるものに対して課する固定資産税の課税標準は、前二条の規定にかかわらず、当該固定資産に係る固定資産税の課税標準となるべき価格の二分の一の額とする。

23　信用協同組合及び信用協同組合連合会、労働金庫及び労働金庫連合会並びに信用金庫及び信用金庫連合会が所有し、かつ、使用する事務所及び倉庫に対して課する固定資産税の課税標準は、前二条の規定にかかわらず、当該事務所及び倉庫に係る固定資産税の課税標準となるべき価格の五分の三の額とする。

24　鉄道事業法第七条第一項に規定する鉄道事業者若しくは軌道法第四条に規定する軌道経営者又は独立行政法人鉄道建設・運輸施設整備支援機構（以下この項において「鉄道事業者等」という。）により新たに建設された変電所の用に供する償却資産で当該鉄道事業者等がその事業の用に供するもののうち政令で定めるものに対して課する固定資産税の課税標準は、前条の規定にかかわらず、当該償却資産に対して新たに固定資産税が課されることとなつた年度から五年度分の固定資産税については当該償却資産の価格の五分の三の額とする。

25　中部国際空港の設置及び管理に関する法律第四条第二項に規定する指定会社が所有し、かつ、直接同法第六条第一項第一号又は第二号に規定する事業の用に供する固定資産で政令で定めるものに対して課する固定資産税の課税標準は、前二条の規定にかかわらず、当該固定資産に係る固定資産税の課税標準となるべき価格の二分の一の額とする。

26　外国貿易のため外国航路に就航する船舶による物品運送の用に供されるコンテナーで総務省令で定めるものに対して課する固定資産税の課税標準は、前条の規定にかかわらず、当該コンテナーに係る固定資産税の課税標準となるべき価格の五分の四の額とする。

27　児童福祉法第三十四条の十五第二項の規定により同法第六条の三第九項に規定する家庭的保育事業の認可を得た者が直接当該事業の用に供する家屋及び償却資産（当該事業の用以外の用に供されていないものに限る。）に対して課する固定資産税の課税標準は、前二条の規定にかかわらず、当該家屋及び償却資産に係る固定資産税の課税標準となるべき価格に二分の一を参酌して三分の一以上三分の二以下の範囲内において市町村の条例で定める割合（当該償却資産が第三百八十九条の規定の適用を受ける場合には、二分の一）を乗じて得た額とする。

28　児童福祉法第三十四条の十五第二項の規定により同法第六条の三第十一項に規定する居宅訪問型保育事業の認可を得た者が直接当該事業の用に供する家屋及び償却資産（当該事業の用以外の用に供されていないものに限る。）に対して課する固定資産税の課税標準は、前二条の規定にかかわらず、当該家屋及び償却資産に係る固定資産税の課税標準となるべき価格に二分の一を参酌して三分の一以上三分の二以下の範囲内において市町村の条例で定める割合（当該償却資産が第三百八十九条の規定の適用を受ける場合には、二分の一）を乗じて得た額とする。

29　児童福祉法第三十四条の十五第二項の規定により同法第六条の三第十二項に規定する事業所内保育事業の認可を得た者が直接当該事業（利用定員が五人以下であるものに限る。）の用に供する家屋及び償却資産（当該事業の用以外の用に供されていないものに限る。）に対して課する固定資産税の課税標準は、前二条の規定にかかわらず、当該家屋及び償却資産に係る固定資産税の課税標準となるべき価格に二分の一を参酌して三分の一以上三分の二以下の範囲内において市町村の条例で定める割合（当該償却資産が第三百八十九条の規定の適用を受ける場合には、二分の一）を乗じて得た額とする。

30　社会福祉法人その他政令で定める者が直接生活困窮者自立支援法第十六条第三項に規定する認定生活困窮者就労訓練事業（社会福祉法第二条第一項に規定する社会福祉事業として行われるものに限る。）の用に供する固定資産に対して課する固定資産税の課税標準は、前二条の規定にかかわらず、当該固定資産に係る固定資産税の課税標準となるべき価格の二分の一の額とする。

31　国立研究開発法人日本医療研究開発機構が所有し、かつ、直接国立研究開発法人日本医療研究開発機構法（平成二十六年法律第四十九号）第十六条第一号又は第二号に規定する業務の用に供する償却資産で政令で定めるものに対して課する固定資産税の課税標準は、前条の規定にかかわらず、当該償却資産に対して新たに固定資産税が課されることとなつた年度から五年度分の固定資産税については、当該償却資産の価格の三分の一の額とし、その後五年度分の固定資産税については、当該償却資産の価格の三分の二の額とする。

32　国立研究開発法人量子科学技術研究開発機構が設置する国立研究開発法人量子科学技術研究開発機構法第十六条第一号に規定する業務の用に供する設備及び当該設備を収容する家屋に対して課する固定資産税の課税標準は、前二条の規定にかかわらず、当該固定資産に対して新たに固定資産税が課されることとなつた年度から五年度分の固定資産税については、当該固定資産に係る固定資産税の課税標準となるべき価格の三分の一の額とし、その後五年度分の固定資産税については、当該固定資産に係る固定資産税の課税標準となるべき価格の三分の二の額とする。

33　景観法（平成十六年法律第百十号）第十九条第一項の規定により指定された景観重要建造物のうち、世界の文化遺産及び自然遺産の保護に関する条約第十一条2に規定する世界遺産一覧表に記載された家屋及び償却資産で総務大臣が指定するもの並びに当該家屋の敷地の用に供されている土地に対して課する固定資産税の課税標準は、前二条の規定にかかわらず、当該固定資産に係る固定資産税の課税標準となるべき価格の三分の一の額とする。

（住宅用地に対する固定資産税の課税標準の特例）

第三百四十九条の三の二　専ら人の居住の用に供する家屋又はその一部を人の居住の用に供する家屋で政令で定めるものの敷地の用に供されている土地で政令で定めるもの（前条（第十一項を除く。）の規定の適用を受けるもの及び空家等対策の推進に関する特別措置法（平成二十六年法律第百二十七号）第十四条第二項の規定により所有者等（同法第三条に規定する所有者等をいう。）に対し勧告がされた同法第二条第二項に規定する特定空家等の敷地の用に供されている土地を除く。以下この条、次条第一項、第三百五十二条の二第一項及び第三項並びに第三百八十四条において「住宅用地」という。）に対して課する固定資産税の課税標準は、第三百四十九条及び前条第十一項の規定にかかわらず、当該住宅用地に係る固定資産税の課税標準となるべき価格の三分の一の額とする。

2・3　（略）

○　独立行政法人都市再生機構法（平成十五年法律第百号）（抄）

第十一条　機構は、第三条の目的を達成するため、次の業務を行う。

一　既に市街地を形成している区域において、市街地の整備改善を図るための建築物の敷地の整備（当該敷地の周囲に十分な公共の用に供する施設がない場合において公共の用に供する施設を併せて整備するもの又は当該敷地内の土地の利用が細分されている場合において当該細分された土地を一団の土地として有効かつ適切に利用できるよう整備するものに限る。）又は宅地の造成並びに整備した敷地又は造成した宅地の管理及び譲渡を行うこと。

二　既に市街地を形成している区域において、良好な居住性能及び居住環境を有する利便性の高い中高層の賃貸住宅その他の国の施策上特にその供給を支援すべき賃貸住宅の敷地の整備、管理及び譲渡を行うこと。

三　既に市街地を形成している区域において、市街地再開発事業（都市再開発法（昭和四十四年法律第三十八号）による市街地再開発事業をいう。以下同じ。）、防災街区整備事業（密集市街地における防災街区の整備の促進に関する法律（平成九年法律第四十九号。以下「密集市街地整備法」という。）による防災街区整備事業をいう。以下同じ。）、土地区画整理事業（土地区画整理法（昭和二十九年法律第百十九号）による土地区画整理事業をいう。以下同じ。）、住宅街区整備事業（大都市地域における住宅及び住宅地の供給の促進に関する特別措置法（昭和五十年法律第六十七号）による住宅街区整備事業をいう。以下同じ。）及び流通業務団地造成事業（流通業務市街地の整備に関する法律（昭和四十一年法律第百十号）による流通業務団地造成事業をいう。）を行うこと。

四　既に市街地を形成している区域において、市街地再開発事業、防災街区整備事業、土地区画整理事業又は住宅街区整備事業に参加組合員（市街地再開発事業にあつては都市再開発法第七十三条第一項第二十一号に規定する特定事業参加者を、防災街区整備事業にあつては密集市街地整備法第二百五条第一項第二十号に規定する特定事業参加者を含む。）として参加すること（第六号の業務を併せて行うものに限る。）。

五　特定建築者（都市再開発法第九十九条の二第二項に規定する特定建築者をいう。以下この号において同じ。）又は防災特定建築者（密集市街地整備法第二百三十五条第二項に規定する特定建築者をいう。以下この号において同じ。）に特定施設建築物（都市再開発法第九十九条の二第三項に規定する特定施設建築物をいう。以下この号において同じ。）又は特定防災施設建築物（密集市街地整備法第二百三十五条第三項に規定する特定防災施設建築物をいう。以下この号において同じ。）の建設を行わせる市街地再開発事業又は防災街区整備事業に、他に特定建築者となろうとする者（都市再開発法第九十九条の三第二項の規定により特定建築者となることができるものに限る。）又は防災特定建築者となろうとする者（密集市街地整備法第二百三十六条第二項の規定により防災特定建築者となることができるものに限る。）がいない場合において、当該市街地再開発事業の特定建築者又は当該防災街区整備事業の防災特定建築者として特定施設建築物又は特定防災施設建築物の建設を行い、並びにそれらの管理、増築又は改築（以下「増改築」という。）及び譲渡を行うこと。

六　既に市街地を形成している区域における市街地の整備改善に必要な調査、調整及び技術の提供を行うこと。

七　既に市街地を形成している区域において、第一号から第三号までの業務の実施と併せて整備されるべき公共の用に供する施設の整備、管理及び譲渡を行うこと。

八　既に市街地を形成している区域において、地方公共団体からの委託に基づき、民間事業者による次に掲げる事業の施行と併せて整備されるべき公共の用に供する施設の整備、管理及び譲渡を行うこと。

イ　市街地再開発事業

ロ　防災街区整備事業

ハ　土地区画整理事業

ニ　住宅街区整備事業

ホ　大都市地域における住宅及び住宅地の供給の促進に関する特別措置法第百一条の八の認定計画に基づく同法第二条第五号に規定する都心共同住宅供給事業

ヘ　都市再開発法第百二十九条の六の認定再開発事業計画に基づく同法第百二十九条の二第一項に規定する再開発事業

ト　都市再生特別措置法（平成十四年法律第二十二号）第二十五条の認定計画に基づく同法第二十条第一項に規定する都市再生事業

チ　その他政令で定める事業

九　第十六条第一項に規定する整備敷地等（以下この号において単に「整備敷地等」という。）について、同項及び同条第二項本文の規定に基づき公募の方法により譲渡し、又は賃貸しようとしたにもかかわらず、同条第一項各号に掲げる条件を備えた応募者がいなかつた場合において、次に掲げる住宅又は施設（賃貸住宅の敷地として整備した整備敷地等にあつては、イからハまでに掲げるものに限る。）の建設を行い、並びにそれらの管理、増改築及び譲渡を行うこと。

イ　第二号に規定する賃貸住宅

ロ　イの賃貸住宅の建設と一体として事務所、店舗等の用に供する施設の建設を行うことが適当である場合におけるそれらの用に供する施設
ハ　整備敷地等の利用者の利便に供する施設
ニ　整備敷地等の合理的かつ健全な高度利用と都市機能の高度化を図るため住宅又は事務所、店舗等の用に供する施設を建設する必要がある場合における当該住宅又は施設
十　土地等の取得を要する業務（委託に基づき行うものを除く。）の実施に必要な土地等を提供した者又は当該業務が実施される土地の区域内に居住し、若しくは当該区域内で事業を営んでいた者（以下この号及び第十六条第一項において「土地提供者等」という。）の申出に応じて、当該土地提供者等に譲渡し、又は賃貸するための住宅又は事務所、店舗等の用に供する施設（市街地の土地の合理的かつ健全な高度利用と都市機能の高度化を図るため当該住宅又は施設と一体として住宅又は事務所、店舗等の用に供する施設を建設する必要がある場合における当該住宅又は施設を含む。）の建設を行い、並びにそれらの管理、増改築及び譲渡を行うこと。
十一　地方公共団体からの委託に基づき、根幹的なものとして政令で定める規模以上の都市公園（都市公園法（昭和三十一年法律第七十九号）第二条第一項に規定する都市公園をいう。以下同じ。）の建設、設計及び工事の監督管理を行うこと。
十二　附則第四条第一項の規定により機構が都市公団から承継した賃貸住宅、公共の用に供する施設及び事務所、店舗等の用に供する施設並びに附則第十二条第一項第二号の規定により機構が建設し、及び整備した賃貸住宅、公共の用に供する施設及び事務所、店舗等の用に供する施設の管理、増改築及び譲渡を行うこと。
十三　第九号の業務に係る同号イの賃貸住宅及び前号の賃貸住宅について賃貸住宅の建替え（現に存する賃貸住宅の除却を行うとともに、これらの存していた土地の全部若しくは一部に新たな賃貸住宅の建設（新たに建設する賃貸住宅と一体の賃貸住宅を当該区域内の土地に隣接する土地に新たに建設することを含む。）又はこれらの存していた土地に近接する土地に新たにこれらに代わるべき賃貸住宅の建設（複数の賃貸住宅の機能を集約するために行うものに限る。）を行うことをいう。以下同じ。）を行い、並びにこれにより新たに建設した賃貸住宅の管理、増改築及び譲渡を行うこと。
十四　前二号の業務に係る賃貸住宅の居住者の利便に供する施設の整備、管理及び譲渡を行うこと。
十五　第十三号の業務による賃貸住宅の建替えに併せて、次の業務を行うこと。
イ　当該賃貸住宅の建替えと併せて整備されるべき公共の用に供する施設の整備、管理及び譲渡を行うこと。
ロ　当該賃貸住宅の建替えと併せてこれと一体として事務所、店舗等の用に供する施設の建設を行うことが適当である場合において、それらの用に供する施設の建設を行い、並びにその管理、増改築及び譲渡を行うこと。
ハ　当該賃貸住宅の建替えにより除却すべき賃貸住宅の居住者の申出に応じて、当該居住者に譲渡するための住宅の建設を行い、並びにその管理及び譲渡を行うこと。
十六　災害の発生により緊急に賃貸住宅を建設する必要がある場合において、第十三条第一項に規定する国土交通大臣の求め又は第十四条第三項に規定する地方公共団体の要請に基づき、当該賃貸住宅の建設を行い、並びにその管理、増改築及び譲渡を行うこと。
十七　前各号の業務に附帯する業務を行うこと。
2　機構は、前項の業務のほか、次に掲げる業務を行う。

判例プラクティス 民法Ⅱ債権〔第2版〕

新　刊

松本恒雄・潮見佳男・松井和彦 編

2023 年 9 月刊

B5・並製・438 頁　ISBN978-4-7972-2638-6 C3332
定価：4,180 円（本体 3,800 円）

判例法理の体系的理解を可能にする民法（債権）学習教材の第２版。初版以降の民法改正に対応すると共に、収録判例を見直し令和 4 年までの全 407 件を解説。事案の説明を充実させ、争点を明確にし、判旨を的確に示すとともに、各判例の位置づけや相互関係などの理解を促す解説。

判例プラクティス 民法Ⅰ総則・物権〔第2版〕

松本恒雄・潮見佳男・下村信江 編

B5・並製・442 頁　ISBN978-4-7972-2637-9 C3332
定価：4,180 円（本体 3,800 円）

令和３年までの民法改正に対応、全解説付 406 件。

判例プラクティス 民法Ⅲ親族・相続〔第2版〕

松本恒雄・潮見佳男・羽生香織 編

B5・並製・214 頁　ISBN978-4-7972-2639-3 C3332
定価：3,300 円（本体 3,000 円）

新規判例 33 件を含む全解説付 195 件の判例を収録。

〒113-0033 東京都文京区本郷6-2-9-102 東大正門前
TEL:03(3818)1019 FAX:03(3811)3580 E-mail:order@shinzansha.co.jp

信山社
http://www.shinzansha.co.jp

在外被爆者裁判(上巻・下巻)
日本裁判資料全集5・6

田村和之(代表)・在間秀和
永嶋靖久・足立修一
龍田紘一郎・中鋪美香 編集

上巻 定価：33,000 円（本体 30,000 円）
A5 変・上製・952 頁 ISBN978-4-7972-6191-2

下巻 定価：33,000 円（本体 30,000 円）
A5 変・上製・820 頁 ISBN978-4-7972-6192-9

提訴から40年余、画期的な最高裁判決へ導いた弁護団による、熱き闘いの貴重な裁判記録。国籍を問わず、国外に居住する被爆者たちに被爆者援護法（原爆三法）全面適用への道程。20 件を超える裁判から、記録を選択・編集した文化的遺産。

東京予防接種禍訴訟(上巻・下巻)
日本裁判資料全集1・2

中平健吉・大野正男・廣田富男・山川洋一郎・秋山幹男・河野 敬 編集

上巻 定価：33,000 円（本体 30,000 円）
A5 変・上製・1024 頁 ISBN978-4-7972-6011-3

下巻 定価：30,800 円（本体 28,000 円）
A5 変・上製・800 頁 ISBN978-4-7972-6012-0

長銀最高裁無罪事件(上巻・下巻)
日本裁判資料全集3・4

更田義彦・倉科直文・國廣 正・坂井 眞・五味祐子 編集

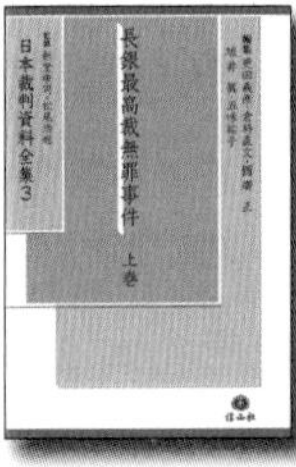

上巻 定価：33,000 円（本体 30,000 円）
A5 変・上製・1024 頁 ISBN978-4-7972-6019-9

下巻 定価：31,900 円（本体 29,000 円）
A5 変・上製・968 頁 ISBN978-4-7972-6020-5

〒113-0033 東京都文京区本郷6-2-9-102 東大正門前
TEL:03(3818)1019 FAX:03(3811)3580 E-mail:order@shinzansha.co.jp
信山社
http://www.shinzansha.co.jp

一　防災のための集団移転促進事業に係る国の財政上の特別措置等に関する法律（昭和四十七年法律第百三十二号）第十二条に規定する業務
二　被災市街地復興特別措置法（平成七年法律第十四号）第二十二条第一項に規定する業務
三　密集市街地整備法第三十条に規定する業務
四　マンションの建替え等の円滑化に関する法律（平成十四年法律第七十八号）第百五条の二に規定する業務
五　地域再生法（平成十七年法律第二十四号）第十七条の五十二に規定する業務
六　東日本大震災復興特別区域法（平成二十三年法律第百二十二号）第七十四条に規定する業務
七　福島復興再生特別措置法（平成二十四年法律第二十五号）第三十条及び第四十二条に規定する業務
八　大規模災害からの復興に関する法律（平成二十五年法律第五十五号）第三十七条に規定する業務
九　海外社会資本事業への我が国事業者の参入の促進に関する法律（平成三十年法律第四十号）第六条に規定する業務

3　（略）

○　独立行政法人住宅金融支援機構法（平成十七年法律第八十二号）（抄）

（業務の範囲）
第十三条　機構は、第四条の目的を達成するため、次の業務を行う。
一　住宅の建設又は購入に必要な資金（当該住宅の建設又は購入に付随する行為で政令で定めるものに必要な資金を含む。）の貸付けに係る主務省令で定める金融機関の貸付債権の譲受けを行うこと。
二　前号に規定する貸付債権で、その貸付債権について次に掲げる行為を予定した貸付けに係るもの（以下「特定貸付債権」という。）のうち、住宅融資保険法（昭和三十年法律第六十三号）第三条に規定する保険関係が成立した貸付けに係るもの（その信託の受益権を含む。）を担保とする債券その他これに準ずるものとして主務省令で定める有価証券に係る債務の保証（以下「特定債務保証」という。）を行うこと。
イ　信託法（平成十八年法律第百八号）第三条第一号に掲げる方法（信託会社又は金融機関の信託業務の兼営等に関する法律（昭和十八年法律第四十三号）第一条第一項の認可を受けた金融機関との間で同号に規定する信託契約を締結するものに限る。第二十三条第一項において同じ。）又は信託法第三条第三号に掲げる方法による信託（以下「特定信託」と総称する。）をし、当該信託の受益権を譲渡すること。
ロ　資産の流動化に関する法律（平成十年法律第百五号）第二条第三項に規定する特定目的会社（以下「特定目的会社」という。）に譲渡すること。
ハ　その他イ又はロに類するものとして主務省令で定める行為
三　住宅融資保険法による保険を行うこと。
四　住宅の建設、購入、改良若しくは移転（以下この号において「建設等」という。）をしようとする者又は住宅の建設等に関する事業を行う者に対し、必要な資金の調達又は良質な住宅の設計若しくは建設等に関する情報の提供、相談その他の援助を行うこと。
五　災害復興建築物の建設若しくは購入又は被災建築物の補修に必要な資金（当該災害復興建築物の建設若しくは購入又は当該被災建築物の補

修に付随する行為で政令で定めるものに必要な資金を含む。）の貸付けを行うこと。

六　災害予防代替建築物の建設若しくは購入若しくは災害予防移転建築物の移転に必要な資金（当該災害予防代替建築物の建設若しくは購入又は当該災害予防移転建築物の移転に付随する行為で政令で定めるものに必要な資金を含む。）、災害予防関連工事に必要な資金又は地震に対する安全性の向上を主たる目的とする住宅の改良に必要な資金の貸付けを行うこと。

七　合理的土地利用建築物の建設若しくは合理的土地利用建築物で人の居住の用その他その本来の用途に供したことのないものの購入に必要な資金（当該合理的土地利用建築物の建設又は購入に付随する行為で政令で定めるものに必要な資金を含む。）又はマンションの共用部分の改良に必要な資金の貸付けを行うこと。

八　子どもを育成する家庭若しくは高齢者の家庭（単身の世帯を含む。次号において同じ。）に適した良好な居住性能及び居住環境を有する賃貸住宅若しくは賃貸の用に供する住宅部分が大部分を占める建築物の建設に必要な資金（当該賃貸住宅又は当該建築物の建設に付随する行為で政令で定めるものに必要な資金を含む。）又は当該賃貸住宅の改良（当該賃貸住宅とすることを主たる目的とする人の居住の用その他その本来の用途に供したことのある建築物の改良を含む。）に必要な資金の貸付けを行うこと。

九　高齢者の家庭に適した良好な居住性能及び居住環境を有する住宅とすることを主たる目的とする住宅の改良（高齢者が自ら居住する住宅について行うものに限る。）に必要な資金又は高齢者の居住の安定確保に関する法律（平成十三年法律第二十六号）第七条第五項に規定する登録住宅（賃貸住宅であるものに限る。）とすることを主たる目的とする人の居住の用に供したことのある住宅の購入に必要な資金（当該住宅の購入に付随する行為で政令で定めるものに必要な資金を含む。）の貸付けを行うこと。

十　住宅のエネルギー消費性能（建築物のエネルギー消費性能の向上に関する法律（平成二十七年法律第五十三号）第二条第一項第二号に規定するエネルギー消費性能をいう。）の向上を主たる目的とする住宅の改良に必要な資金の貸付けを行うこと。

十一　機構が第一号の業務により譲り受ける貸付債権に係る貸付けを受けた者若しくは第五号から第七号まで若しくは前号若しくは次項第二号若しくは第五号の規定による貸付けを受けた者とあらかじめ契約を締結して、その者が死亡した場合（重度障害の状態となった場合を含む。以下同じ。）に支払われる生命保険の保険金若しくは生命共済の共済金（以下「保険金等」という。）を当該貸付けに係る債務の弁済に充当し、又は沖縄振興開発金融公庫法（昭和四十七年法律第三十一号）第十九条第一項第三号の規定による貸付けを受けた者とあらかじめ契約を締結して、その者が死亡した場合に支払われる保険金等により当該貸付けに係る債務を弁済すること。

十二　前各号の業務に附帯する業務を行うこと。

2　機構は、前項に規定する業務のほか、次の業務を行う。

一　海外社会資本事業への我が国事業者の参入の促進に関する法律（平成三十年法律第四十号）第七条の規定による調査、研究及び情報の提供を行うこと。

二　阪神・淡路大震災に対処するための特別の財政援助及び助成に関する法律（平成七年法律第十六号）第七十七条、東日本大震災に対処するための特別の財政援助及び助成に関する法律（平成二十三年法律第四十号）第百三十八条又は福島復興再生特別措置法（平成二十四年法律第二十五号）第三十一条若しくは第四十三条の規定による貸付けを行うこと。

三　住宅確保要配慮者に対する賃貸住宅の供給の促進に関する法律（平成十九年法律第百十二号）第十九条の規定による貸付けを行うこと。

四　住宅確保要配慮者に対する賃貸住宅の供給の促進に関する法律第二十条第一項の規定による保険を行うこと。
五　勤労者財産形成促進法（昭和四十六年法律第九十二号）第十条第一項の規定による貸付けを行うこと。
六　中小企業退職金共済法（昭和三十四年法律第百六十号）第七十二条第二項の規定による委託に基づき、勤労者財産形成促進法第九条第一項に規定する業務の一部を行うこと。
七　前各号の業務に附帯する業務を行うこと。

（区分経理）
第十七条　機構は、次に掲げる業務ごとに経理を区分し、それぞれ勘定を設けて整理しなければならない。
一　（略）
二　第十三条第一項第三号の業務（特定貸付債権に係るものを除く。）及び同条第二項第四号の業務並びにこれらに附帯する業務
三　第十三条第二項第五号の業務及びこれに附帯する業務
四　（略）

（長期借入金及び住宅金融支援機構債券等）
第十九条　機構は、第十三条第一項（第四号及び第十二号を除く。）及び第二項第二号から第五号までの業務に必要な費用に充てるため、主務大臣の認可を受けて、長期借入金をし、又は住宅金融支援機構債券（以下「機構債券」という。）を発行することができる。
2　（略）
3　機構は、第十三条第二項第五号の業務に必要な費用に充てるため、主務大臣の認可を受けて、勤労者財産形成促進法第六条第一項に規定する勤労者財産形成貯蓄契約、同条第二項に規定する勤労者財産形成年金貯蓄契約又は同条第四項に規定する勤労者財産形成住宅貯蓄契約を締結した同条第一項第一号に規定する金融機関等、同項第二号に規定する生命保険会社等及び同項第二号の二に規定する損害保険会社が引き受けるべきものとして、住宅金融支援機構財形住宅債券（以下「財形住宅債券」という。）を発行することができる。
4・5　（略）
6　機構は、第十三条第二項第五号の業務に係る長期借入金の借入れに関する事務の全部又は一部を主務省令で定める金融機関に、機構債券又は財形住宅債券の発行に関する事務の全部又は一部を本邦又は外国の銀行、信託会社又は金融商品取引業（金融商品取引法（昭和二十三年法律第二十五号）第二条第八項に規定する金融商品取引業をいう。次項において同じ。）を行う者に委託することができる。
7・8　（略）

（貸付債権の信託の受益権の譲渡等）
第二十二条　機構は、主務大臣の認可を受けて、債権譲受業務又は第十三条第一項第五号から第十号まで若しくは第二項第二号若しくは第三号の業務に必要な費用に充てるため、その貸付債権について、次に掲げる行為をすることができる。

一～三　（略）

（厚生労働大臣との協議）

第二十八条　主務大臣は、第十三条第二項第五号の業務に関し、通則法第二十八条第一項の認可をしようとするときは、厚生労働大臣に協議しなければならない。

附　則

（業務の特例等）

第七条　（略）

2～5　（略）

6　機構が第一項から第四項までに規定する業務を行う場合には、第十五条第一項、第十八条第一項及び第三十五条第二号中「第十三条」とあるのは「第十三条及び附則第七条第一項から第四項まで」と、第十六条第一項中「除く。）」とあるのは「除く。）及び附則第七条第一項から第四項まで」と、第十七条第三号中「業務及び」とあるのは「業務（附則第七条第一項第一号及び第二項（第一号に係る部分に限る。）に規定する業務で附則第十六条の規定による改正前の勤労者財産形成促進法第十条第一項本文の規定による貸付けに係るものを含む。）及び」と、同条第四号中「掲げる業務」とあるのは「掲げる業務及び附則第七条第五項に規定する既往債権管理業務」と、第十九条第一項中「第五号まで」とあるのは「第五号まで並びに附則第七条第一項（第五号及び第六号を除く。）から第三項まで」と、第二十一条中「という。）により」とあるのは「という。）若しくは附則第七条第一項第三号の業務により」と、第二十二条中「第三号」とあるのは「第三号若しくは附則第七条第一項第一号若しくは第三号若しくは第二項」とする。

7～15　（略）

○　中心市街地の活性化に関する法律（平成十年法律第九十二号）（抄）

（中心市街地）

第二条　この法律による措置は、都市の中心の市街地であって、次に掲げる要件に該当するもの（以下「中心市街地」という。）について講じられるものとする。

一　当該市街地に、相当数の小売商業者が集積し、及び都市機能が相当程度集積しており、その存在している市町村の中心としての役割を果たしている市街地であること。

二　当該市街地の土地利用及び商業活動の状況等からみて、機能的な都市活動の確保又は経済活力の維持に支障を生じ、又は生ずるおそれがあると認められる市街地であること。

三　当該市街地における都市機能の増進及び経済活力の向上を総合的かつ一体的に推進することが、当該市街地の存在する市町村及びその周辺の地域の発展にとって有効かつ適切であると認められること。

○　地域再生法（平成十七年法律第二十四号）（抄）

（地域再生計画の認定）

第五条　地方公共団体は、単独で又は共同して、地域再生基本方針に基づき、内閣府令で定めるところにより、地域再生を図るための計画（以下「地域再生計画」という。）を作成し、内閣総理大臣の認定を申請することができる。

2　地域再生計画には、次に掲げる事項を記載するものとする。

一　（略）

二　地域再生を図るために行う事業に関する事項

三　（略）

3　（略）

4　第二項第二号に掲げる事項には、次に掲げる事項を記載することができる。

一〜七　（略）

八　集落生活圏（自然的社会的諸条件からみて一体的な日常生活圏を構成していると認められる集落及びその周辺の農用地等（農業振興地域の整備に関する法律（昭和四十四年法律第五十八号）第三条に規定する農用地等をいう。以下同じ。）を含む一定の地域をいい、市街化区域（都市計画法（昭和四十三年法律第百号）第七条第一項に規定する市街化区域をいう。第十七条の十七第七項において同じ。）その他政令で定める区域を除く。以下同じ。）において、地域における住民の生活及び産業の振興の拠点（以下「地域再生拠点」という。）の形成並びに農用地等の保全及び農業上の効率的かつ総合的な利用を図るために行う事業であって、就業の機会の創出、経済基盤の強化又は生活環境の整備に資するものに関する事項

九・十　（略）

十一　地域住宅団地再生区域（自然的経済的社会的条件からみて一体的な日常生活圏を構成していると認められる、住宅の需要に応ずるため一体的に開発された相当数の住宅の存する一団の土地及びその周辺の区域であって、当該区域における人口の減少又は少子高齢化の進展に対応した都市機能の維持又は増進及び良好な居住環境の確保（以下「住宅団地再生」という。）を図ることが適当と認められる区域をいう。以下同じ。）において、当該区域の住民の共同の福祉又は利便の向上を図るために行う事業であって、地域における就業の機会の創出又は生活環境の整備に資するもの（以下「地域住宅団地再生事業」という。）に関する事項

十二〜十八　（略）

5〜18　（略）

○　地域における歴史的風致の維持及び向上に関する法律（平成二十年法律第四十号）（抄）

（定義）

第二条　（略）

2　この法律において「重点区域」とは、次に掲げる要件に該当する土地の区域をいう。

一　次のイ又はロのいずれかに該当する土地の区域及びその周辺の土地の区域であること。

イ　文化財保護法（昭和二十五年法律第二百十四号）第二十七条第一項、第七十八条第一項又は第百九条第一項の規定により重要文化財、重要有形民俗文化財又は史跡名勝天然記念物として指定された建造物（以下「重要文化財建造物等」という。）の用に供される土地

ロ　文化財保護法第百四十四条第一項の規定により選定された重要伝統的建造物群保存地区（以下単に「重要伝統的建造物群保存地区」という。）内の土地

二　当該区域において歴史的風致の維持及び向上を図るための施策を重点的かつ一体的に推進することが特に必要であると認められる土地の区域であること。

○　建築基準法（昭和二十五年法律第二百一号）（抄）

（用語の定義）

第二条　この法律において次の各号に掲げる用語の意義は、それぞれ当該各号に定めるところによる。

一　建築物　土地に定着する工作物のうち、屋根及び柱若しくは壁を有するもの（これに類する構造のものを含む。）、これに附属する門若しくは塀、観覧のための工作物又は地下若しくは高架の工作物内に設ける事務所、店舗、興行場、倉庫その他これらに類する施設（鉄道及び軌道の線路敷地内の運転保安に関する施設並びに跨線橋、プラットホームの上家、貯蔵槽その他これらに類する施設を除く。）をいい、建築設備を含むものとする。

二～三十四　（略）

三十五　特定行政庁　建築主事を置く市町村の区域については当該市町村の長をいい、その他の市町村の区域については都道府県知事をいう。ただし、第九十七条の二第一項又は第九十七条の三第一項の規定により建築主事を置く市町村の区域内の政令で定める建築物については、都道府県知事とする。

（道路の定義）

第四十二条　この章の規定において「道路」とは、次の各号のいずれかに該当する幅員四メートル（特定行政庁がその地方の気候若しくは風土の特殊性又は土地の状況により必要と認めて都道府県都市計画審議会の議を経て指定する区域内においては、六メートル。次項及び第三項において同じ。）以上のもの（地下におけるものを除く。）をいう。

一　道路法（昭和二十七年法律第百八十号）による道路
二　都市計画法、土地区画整理法（昭和二十九年法律第百十九号）、旧住宅地造成事業に関する法律（昭和三十九年法律第百六十号）、都市再開発法（昭和四十四年法律第三十八号）、新都市基盤整備法（昭和四十七年法律第八十六号）、大都市地域における住宅及び住宅地の供給の促進に関する特別措置法（昭和五十年法律第六十七号）又は密集市街地整備法（第六章に限る。以下この項において同じ。）による道路
三　都市計画区域若しくは準都市計画区域の指定若しくは変更又は第六十八条の九第一項の規定に基づく条例の制定若しくは改正によりこの章の規定が適用されるに至つた際現に存在する道
四　道路法、都市計画法、土地区画整理法、都市再開発法、新都市基盤整備法、大都市地域における住宅及び住宅地の供給の促進に関する特別措置法又は密集市街地整備法による新設又は変更の事業計画のある道路で、二年以内にその事業が執行される予定のものとして特定行政庁が指定したもの
五　土地を建築物の敷地として利用するため、道路法、都市計画法、土地区画整理法、都市再開発法、新都市基盤整備法、大都市地域における住宅及び住宅地の供給の促進に関する特別措置法又は密集市街地整備法によらないで築造する政令で定める基準に適合する道で、これを築造しようとする者が特定行政庁からその位置の指定を受けたもの

2　都市計画区域若しくは準都市計画区域の指定若しくは変更又は第六十八条の九第一項の規定に基づく条例の制定若しくは改正によりこの章の規定が適用されるに至つた際現に建築物が立ち並んでいる幅員四メートル未満の道で、特定行政庁の指定したものは、前項の規定にかかわらず、同項の道路とみなし、その中心線からの水平距離二メートル（同項の規定により指定された区域内においては、三メートル（特定行政庁が周囲の状況により避難及び通行の安全上支障がないと認める場合は、二メートル）。以下この項及び次項において同じ。）の線をその道路の境界線とみなす。ただし、当該道がその中心線からの水平距離二メートル未満で崖地、川、線路敷地その他これらに類するものに沿う場合においては、当該崖地等の道の側の境界線及びその境界線から道の側に水平距離四メートルの線をその道路の境界線とみなす。

3　特定行政庁は、土地の状況に因りやむを得ない場合においては、前項の規定にかかわらず、同項に規定する中心線からの水平距離については二メートル未満一・三五メートル以上の範囲内において、同項に規定するがけ地等の境界線からの水平距離については四メートル未満二・七メートル以上の範囲内において、別にその水平距離を指定することができる。

4　第一項の区域内の幅員六メートル未満の道（第一号又は第二号に該当する道にあつては、幅員四メートル以上のものに限る。）で、特定行政庁が次の各号の一に該当すると認めて指定したものは、同項の規定にかかわらず、同項の道路とみなす。
一　周囲の状況により避難及び通行の安全上支障がないと認められる道
二　地区計画等に定められた道の配置及び規模又はその区域に即して築造される道
三　第一項の区域が指定された際現に道路とされていた道

5　前項第三号に該当すると認めて特定行政庁が指定した幅員四メートル未満の道については、第二項の規定にかかわらず、第一項の区域が指定された際道路の境界線とみなされていた線をその道路の境界線とみなす。

6　特定行政庁は、第二項の規定により幅員一・八メートル未満の道を指定する場合又は第三項の規定により別に水平距離を指定する場合においては、あらかじめ、建築審査会の同意を得なければならない。

（敷地等と道路との関係）
第四十三条　建築物の敷地は、道路（次に掲げるものを除く。第四十四条第一項を除き、以下同じ。）に二メートル以上接しなければならない。
一　自動車のみの交通の用に供する道路
二　地区計画の区域（地区整備計画が定められている区域のうち都市計画法第十二条の十一の規定により建築物その他の工作物の敷地として併せて利用すべき区域として定められている区域に限る。）内の道路
2　前項の規定は、次の各号のいずれかに該当する建築物については、適用しない。
一　その敷地が幅員四メートル以上の道（道路に該当するものを除き、避難及び通行の安全上必要な国土交通省令で定める基準に適合するものに限る。）に二メートル以上接する建築物のうち、利用者が少数であるものとしてその用途及び規模に関し国土交通省令で定める基準に適合するもので、特定行政庁が交通上、安全上、防火上及び衛生上支障がないと認めるもの
二　その敷地の周囲に広い空地を有する建築物その他の国土交通省令で定める基準に適合する建築物で、特定行政庁が交通上、安全上、防火上及び衛生上支障がないと認めて建築審査会の同意を得て許可したもの
3　（略）

（用途地域等）
第四十八条　第一種低層住居専用地域内においては、別表第二(い)項に掲げる建築物以外の建築物は、建築してはならない。ただし、特定行政庁が第一種低層住居専用地域における良好な住居の環境を害するおそれがないと認め、又は公益上やむを得ないと認めて許可した場合においては、この限りでない。
2　第二種低層住居専用地域内においては、別表第二(ろ)項に掲げる建築物以外の建築物は、建築してはならない。ただし、特定行政庁が第二種低層住居専用地域における良好な住居の環境を害するおそれがないと認め、又は公益上やむを得ないと認めて許可した場合においては、この限りでない。
3　第一種中高層住居専用地域内においては、別表第二(は)項に掲げる建築物以外の建築物は、建築してはならない。ただし、特定行政庁が第一種中高層住居専用地域における良好な住居の環境を害するおそれがないと認め、又は公益上やむを得ないと認めて許可した場合においては、この限りでない。
4　第二種中高層住居専用地域内においては、別表第二(に)項に掲げる建築物は、建築してはならない。ただし、特定行政庁が第二種中高層住居専用地域における良好な住居の環境を害するおそれがないと認め、又は公益上やむを得ないと認めて許可した場合においては、この限りでない。
5　第一種住居地域内においては、別表第二(ほ)項に掲げる建築物は、建築してはならない。ただし、特定行政庁が第一種住居地域における住居の環境を害するおそれがないと認め、又は公益上やむを得ないと認めて許可した場合においては、この限りでない。
6　第二種住居地域内においては、別表第二(へ)項に掲げる建築物は、建築してはならない。ただし、特定行政庁が第二種住居地域における住居の環境を害するおそれがないと認め、又は公益上やむを得ないと認めて許可した場合においては、この限りでない。

7　準住居地域内においては、別表第二(と)項に掲げる建築物は、建築してはならない。ただし、特定行政庁が準住居地域における住居の環境を害するおそれがないと認め、又は公益上やむを得ないと認めて許可した場合においては、この限りでない。

8　田園住居地域内においては、別表第二(ち)項に掲げる建築物以外の建築物は、建築してはならない。ただし、特定行政庁が農業の利便及び田園住居地域における良好な住居の環境を害するおそれがないと認め、又は公益上やむを得ないと認めて許可した場合においては、この限りでない。

9　近隣商業地域内においては、別表第二(り)項に掲げる建築物は、建築してはならない。ただし、特定行政庁が近隣の住宅地の住民に対する日用品の供給を行うことを主たる内容とする商業その他の業務の利便及び当該住宅地の環境を害するおそれがないと認め、又は公益上やむを得ないと認めて許可した場合においては、この限りでない。

10　商業地域内においては、別表第二(ぬ)項に掲げる建築物は、建築してはならない。ただし、特定行政庁が商業の利便を害するおそれがないと認め、又は公益上やむを得ないと認めて許可した場合においては、この限りでない。

11　準工業地域内においては、別表第二(る)項に掲げる建築物は、建築してはならない。ただし、特定行政庁が安全上若しくは防火上の危険の度若しくは衛生上の有害の度が低いと認め、又は公益上やむを得ないと認めて許可した場合においては、この限りでない。

12　工業地域内においては、別表第二(を)項に掲げる建築物は、建築してはならない。ただし、特定行政庁が工業の利便上又は公益上必要と認めて許可した場合においては、この限りでない。

13　工業専用地域内においては、別表第二(わ)項に掲げる建築物は、建築してはならない。ただし、特定行政庁が工業の利便を害するおそれがないと認め、又は公益上やむを得ないと認めて許可した場合においては、この限りでない。

14　第一種低層住居専用地域、第二種低層住居専用地域、第一種中高層住居専用地域、第二種中高層住居専用地域、第一種住居地域、第二種住居地域、準住居地域、田園住居地域、近隣商業地域、商業地域、準工業地域、工業地域又は工業専用地域（以下「用途地域」と総称する。）の指定のない区域（都市計画法第七条第一項に規定する市街化調整区域を除く。）内においては、別表第二(か)項に掲げる建築物は、建築してはならない。ただし、特定行政庁が当該区域における適正かつ合理的な土地利用及び環境の保全を図る上で支障がないと認め、又は公益上やむを得ないと認めて許可した場合においては、この限りでない。

15　特定行政庁は、前各項のただし書の規定による許可（次項において「特例許可」という。）をする場合においては、あらかじめ、その許可に利害関係を有する者の出頭を求めて公開により意見を聴取し、かつ、建築審査会の同意を得なければならない。

16・17　（略）

（用途の変更に対するこの法律の準用）

第八十七条　（略）

2　建築物（次項の建築物を除く。）の用途を変更する場合においては、第四十八条第一項から第十四項まで、第五十一条、第六十条の二第三項及び第六十八条の三第七項の規定並びに第三十九条第二項、第四十条、第四十三条第三項、第四十三条の二、第四十九条から第五十条まで、第六十条の二の二第四項、第六十条の三第三項、第六十八条の二第一項及び第五項並びに第六十八条の九第一項の規定に基づく条例の規定を準用する。

3　第三条第二項の規定により第二十七条、第二十八条第一項若しくは第三項、第二十九条、第三十条、第三十五条から第三十五条の三まで、第三十六条中第二十八条第一項若しくは第三十五条に関する部分、第四十八条第一項から第十四項まで若しくは第五十一条の規定又は第三十九条第二項、第四十条、第四十三条第三項、第四十三条の二、第四十九条から第五十条まで、第六十八条の二第一項若しくは第六十八条の九第一項の規定に基づく条例の規定（次条第一項において「第二十七条等の規定」という。）の適用を受けない建築物の用途を変更する場合においては、次の各号のいずれかに該当する場合を除き、これらの規定を準用する。
一　増築、改築、大規模の修繕又は大規模の模様替をする場合
二　当該用途の変更が政令で指定する類似の用途相互間におけるものであつて、かつ、建築物の修繕若しくは模様替をしない場合又はその修繕若しくは模様替が大規模でない場合
三　第四十八条第一項から第十四項までの規定に関しては、用途の変更が政令で定める範囲内である場合
4　（略）

○　地方自治法（昭和二十二年法律第六十七号）（抄）

（指定都市の権能）
第二百五十二条の十九　政令で指定する人口五十万以上の市（以下「指定都市」という。）は、次に掲げる事務のうち都道府県が法律又はこれに基づく政令の定めるところにより処理することとされているものの全部又は一部で政令で定めるものを、政令で定めるところにより、処理することができる。
一　児童福祉に関する事務
二　民生委員に関する事務
三　身体障害者の福祉に関する事務
四　生活保護に関する事務
五　行旅病人及び行旅死亡人の取扱に関する事務
五の二　社会福祉事業に関する事務
五の三　知的障害者の福祉に関する事務
六　母子家庭及び父子家庭並びに寡婦の福祉に関する事務
六の二　老人福祉に関する事務
七　母子保健に関する事務
七の二　介護保険に関する事務
八　障害者の自立支援に関する事務
八の二　生活困窮者の自立支援に関する事務

九　食品衛生に関する事務
九の二　医療に関する事務
十　精神保健及び精神障害者の福祉に関する事務
十一　結核の予防に関する事務
十一の二　難病の患者に対する医療等に関する事務
十二　土地区画整理事業に関する事務
十三　屋外広告物の規制に関する事務
2　（略）

（中核市の権能）
第二百五十二条の二十二　政令で指定する人口二十万以上の市（以下「中核市」という。）は、第二百五十二条の十九第一項の規定により指定都市が処理することができる事務のうち、都道府県がその区域にわたり一体的に処理することが中核市が処理することに比して効率的な事務その他の中核市において処理することが適当でない事務以外の事務で政令で定めるものを、政令で定めるところにより、処理することができる。
2　（略）

○　都市計画法（昭和四十三年法律第百号）（抄）

（定義）
第四条　（略）
2〜9　（略）
10　この法律において「建築物」とは建築基準法（昭和二十五年法律第二百一号）第二条第一号に定める建築物を、「建築」とは同条第十三号に定める建築をいう。
11〜16　（略）

（都市計画区域の整備、開発及び保全の方針）
第六条の二　都市計画区域については、都市計画に、当該都市計画区域の整備、開発及び保全の方針を定めるものとする。
2　都市計画区域の整備、開発及び保全の方針には、第一号に掲げる事項を定めるものとするとともに、第二号及び第三号に掲げる事項を定めるよう努めるものとする。
一　次条第一項に規定する区域区分の決定の有無及び当該区域区分を定めるときはその方針
二　都市計画の目標

三　第一号に掲げるもののほか、土地利用、都市施設の整備及び市街地開発事業に関する主要な都市計画の決定の方針
3　都市計画区域について定められる都市計画（第十一条第一項後段の規定により都市計画区域外において定められる都市施設（以下「区域外都市施設」という。）に関するものを含む。）は、当該都市計画区域の整備、開発及び保全の方針に即したものでなければならない。

（区域区分）
第七条　都市計画区域について無秩序な市街化を防止し、計画的な市街化を図るため必要があるときは、都市計画に、市街化区域と市街化調整区域との区分（以下「区域区分」という。）を定めることができる。ただし、次に掲げる都市計画区域については、区域区分を定めるものとする。
一　次に掲げる土地の区域の全部又は一部を含む都市計画区域
イ　首都圏整備法第二条第三項に規定する既成市街地又は同条第四項に規定する近郊整備地帯
ロ　近畿圏整備法第二条第三項に規定する既成都市区域又は同条第四項に規定する近郊整備区域
ハ　中部圏開発整備法第二条第三項に規定する都市整備区域
二　前号に掲げるもののほか、大都市に係る都市計画区域として政令で定めるもの
2　（略）
3　市街化調整区域は、市街化を抑制すべき区域とする。

（市町村の都市計画に関する基本的な方針）
第十八条の二　市町村は、議会の議決を経て定められた当該市町村の建設に関する基本構想並びに都市計画区域の整備、開発及び保全の方針に即し、当該市町村の都市計画に関する基本的な方針（以下この条において「基本方針」という。）を定めるものとする。
2　市町村は、基本方針を定めようとするときは、あらかじめ、公聴会の開催等住民の意見を反映させるために必要な措置を講ずるものとする。
3　市町村は、基本方針を定めたときは、遅滞なく、これを公表するとともに、都道府県知事に通知しなければならない。
4　市町村が定める都市計画は、基本方針に即したものでなければならない。

（開発行為の許可）
第二十九条　都市計画区域又は準都市計画区域内において開発行為をしようとする者は、あらかじめ、国土交通省令で定めるところにより、都道府県知事（地方自治法（昭和二十二年法律第六十七号）第二百五十二条の十九第一項の指定都市又は同法第二百五十二条の二十二第一項の中核市（以下「指定都市等」という。）の区域内にあつては、当該指定都市等の長。以下この節において同じ。）の許可を受けなければならない。ただし、次に掲げる開発行為については、この限りでない。
一　（略）
二　市街化調整区域、区域区分が定められていない都市計画区域又は準都市計画区域内において行う開発行為で、農業、林業若しくは漁業の用に供する政令で定める建築物又はこれらの業務を営む者の居住の用に供する建築物の建築の用に供する目的で行うもの

三　駅舎その他の鉄道の施設、図書館、公民館、変電所その他これらに類する公益上必要な建築物のうち開発区域及びその周辺の地域における適正かつ合理的な土地利用及び環境の保全を図る上で支障がないものとして政令で定める建築物の建築の用に供する目的で行う開発行為
四～八　（略）
九　公有水面埋立法（大正十年法律第五十七号）第二条第一項の免許を受けた埋立地であつて、まだ同法第二十二条第二項の告示がないものにおいて行う開発行為
十・十一　（略）
2・3　（略）

（工事完了の検査）
第三十六条　（略）
2　（略）
3　都道府県知事は、前項の規定により検査済証を交付したときは、遅滞なく、国土交通省令で定めるところにより、当該工事が完了した旨を公告しなければならない。この場合において、当該工事が津波災害特別警戒区域（津波防災地域づくりに関する法律第七十二条第一項の津波災害特別警戒区域をいう。以下この項において同じ。）内における同法第七十三条第一項に規定する特定開発行為（同条第四項各号に掲げる行為を除く。）に係るものであり、かつ、当該工事の完了後において当該工事に係る同条第四項第一号に規定する開発区域（津波災害特別警戒区域内のものに限る。）に地盤面の高さが同法第五十三条第二項に規定する基準水位以上である土地の区域があるときは、その区域を併せて公告しなければならない。

（開発許可を受けた土地における建築等の制限）
第四十二条　何人も、開発許可を受けた開発区域内においては、第三十六条第三項の公告があつた後は、当該開発許可に係る予定建築物等以外の建築物又は特定工作物を新築し、又は新設してはならず、また、建築物を改築し、又はその用途を変更して当該開発許可に係る予定の建築物以外の建築物としてはならない。ただし、都道府県知事が当該開発区域における利便の増進上若しくは開発区域及びその周辺の地域における環境の保全上支障がないと認めて許可したとき、又は建築物及び第一種特定工作物で建築基準法第八十八条第二項の政令で指定する工作物に該当するものにあつては、当該開発区域内の土地について用途地域等が定められているときは、この限りでない。
2　（略）

（開発許可を受けた土地以外の土地における建築等の制限）
第四十三条　何人も、市街化調整区域のうち開発許可を受けた開発区域以外の区域内においては、都道府県知事の許可を受けなければ、第二十九条第一項第二号若しくは第三号に規定する建築物以外の建築物を新築し、又は第一種特定工作物を新設してはならず、また、建築物を改築し、又はその用途を変更して同項第二号若しくは第三号に規定する建築物以外の建築物としてはならない。ただし、次に掲げる建築物の新築、改築

若しくは用途の変更又は第一種特定工作物の新設については、この限りでない。
一　都市計画事業の施行として行う建築物の新築、改築若しくは用途の変更又は第一種特定工作物の新設
二　非常災害のため必要な応急措置として行う建築物の新築、改築若しくは用途の変更又は第一種特定工作物の新設
三　仮設建築物の新築
四　第二十九条第一項第九号に掲げる開発行為その他の政令で定める開発行為が行われた土地の区域内において行う建築物の新築、改築若しくは用途の変更又は第一種特定工作物の新設
五　通常の管理行為、軽易な行為その他の行為で政令で定めるもの
2・3　（略）

○　民法（明治二十九年法律第八十九号）（抄）
※民法等の一部を改正する法律（令和三年法律第二十四号）による改正後のもの

（不在者の財産の管理）
第二十五条　従来の住所又は居所を去った者（以下「不在者」という。）がその財産の管理人（以下この節において単に「管理人」という。）を置かなかったときは、家庭裁判所は、利害関係人又は検察官の請求により、その財産の管理について必要な処分を命ずることができる。本人の不在中に管理人の権限が消滅したときも、同様とする。
2　（略）

（所有者不明建物管理命令）
第二百六十四条の八　裁判所は、所有者を知ることができず、又はその所在を知ることができない建物（建物が数人の共有に属する場合にあっては、共有者を知ることができず、又はその所在を知ることができない建物の共有持分）について、必要があると認めるときは、利害関係人の請求により、その請求に係る建物又は共有持分を対象として、所有者不明建物管理人（第四項に規定する所有者不明建物管理人をいう。以下この条において同じ。）による管理を命ずる処分（以下この条において「所有者不明建物管理命令」という。）をすることができる。
2・3　（略）
4　裁判所は、所有者不明建物管理命令をする場合には、当該所有者不明建物管理命令において、所有者不明建物管理人を選任しなければならない。
5　（略）

（管理不全土地管理命令）
第二百六十四条の九　裁判所は、所有者による土地の管理が不適当であることによって他人の権利又は法律上保護される利益が侵害され、又は侵

害されるおそれがある場合において、必要があると認めるときは、利害関係人の請求により、当該土地を対象として、管理不全土地管理人（第三項に規定する管理不全土地管理人をいう。以下同じ。）による管理を命ずる処分（以下「管理不全土地管理命令」という。）をすることができる。
２　（略）
３　裁判所は、管理不全土地管理命令をする場合には、当該管理不全土地管理命令において、管理不全土地管理人を選任しなければならない。

（管理不全建物管理命令）
第二百六十四条の十四　裁判所は、所有者による建物の管理が不適当であることによって他人の権利又は法律上保護される利益が侵害され、又は侵害されるおそれがある場合において、必要があると認めるときは、利害関係人の請求により、当該建物を対象として、管理不全建物管理人（第三項に規定する管理不全建物管理人をいう。第四項において同じ。）による管理を命ずる処分（以下この条において「管理不全建物管理命令」という。）をすることができる。
２　（略）
３　裁判所は、管理不全建物管理命令をする場合には、当該管理不全建物管理命令において、管理不全建物管理人を選任しなければならない。
４　（略）

（相続財産法人の成立）
第九百五十一条　相続人のあることが明らかでないときは、相続財産は、法人とする。

（相続財産の清算人の選任）
第九百五十二条　前条の場合には、家庭裁判所は、利害関係人又は検察官の請求によって、相続財産の清算人を選任しなければならない。
２　（略）

○　農地法（昭和二十七年法律第二百二十九号）（抄）
※農業経営基盤強化促進法等の一部を改正する法律（令和四年法律第五十六号）による改正後のもの

（農地又は採草放牧地の権利移動の制限）
第三条　農地又は採草放牧地について所有権を移転し、又は地上権、永小作権、質権、使用貸借による権利、賃借権若しくはその他の使用及び収益を目的とする権利を設定し、若しくは移転する場合には、政令で定めるところにより、当事者が農業委員会の許可を受けなければならない。ただし、次の各号のいずれかに該当する場合及び第五条第一項本文に規定する場合は、この限りでない。
一　第四十六条第一項又は第四十七条の規定によつて所有権が移転される場合

二　削除
三　第三十七条から第四十条までの規定によつて農地中間管理権（農地中間管理事業の推進に関する法律第二条第五項に規定する農地中間管理権をいう。以下同じ。）が設定される場合
四　第四十一条の規定によつて同条第一項に規定する利用権が設定される場合
五　これらの権利を取得する者が国又は都道府県である場合
六　土地改良法（昭和二十四年法律第百九十五号）、農業振興地域の整備に関する法律（昭和四十四年法律第五十八号）、集落地域整備法（昭和六十二年法律第六十三号）又は市民農園整備促進法（平成二年法律第四十四号）による交換分合によつてこれらの権利が設定され、又は移転される場合
七　農地中間管理事業の推進に関する法律第十八条第七項の規定による公告があつた農用地利用集積等促進計画の定めるところによつて同条第一項の権利が設定され、又は移転される場合
八　特定農山村地域における農林業等の活性化のための基盤整備の促進に関する法律（平成五年法律第七十二号）第九条第一項の規定による公告があつた所有権移転等促進計画の定めるところによつて同法第二条第三項第三号の権利が設定され、又は移転される場合
九　農山漁村の活性化のための定住等及び地域間交流の促進に関する法律（平成十九年法律第四十八号）第九条第一項の規定による公告があつた所有権移転等促進計画の定めるところによつて同法第五条第十項の権利が設定され、又は移転される場合
九の二　農林漁業の健全な発展と調和のとれた再生可能エネルギー電気の発電の促進に関する法律（平成二十五年法律第八十一号）第十七条の規定による公告があつた所有権移転等促進計画の定めるところによつて同法第五条第四項の権利が設定され、又は移転される場合
十　民事調停法（昭和二十六年法律第二百二十二号）による農事調停によつてこれらの権利が設定され、又は移転される場合
十一　土地収用法（昭和二十六年法律第二百十九号）その他の法律によつて農地若しくは採草放牧地又はこれらに関する権利が収用され、又は使用される場合
十二　遺産の分割、民法（明治二十九年法律第八十九号）第七百六十八条第二項（同法第七百四十九条及び第七百七十一条において準用する場合を含む。）の規定による財産の分与に関する裁判若しくは調停又は同法第九百五十八条の二の規定による相続財産の分与に関する裁判によつてこれらの権利が設定され、又は移転される場合
十三　農地中間管理機構が、農林水産省令で定めるところによりあらかじめ農業委員会に届け出て、農業経営基盤強化促進法第七条第一号に掲げる事業の実施によりこれらの権利を取得する場合
十四　農業協同組合法第十条第三項の信託の引受けの事業又は農業経営基盤強化促進法第七条第二号に掲げる事業（以下これらを「信託事業」という。）を行う農業協同組合又は農地中間管理機構が信託事業による信託の引受けにより所有権を取得する場合及び当該信託の終了によりその委託者又はその一般承継人が所有権を取得する場合
十四の二　農地中間管理機構が、農林水産省令で定めるところによりあらかじめ農業委員会に届け出て、農地中間管理事業（農地中間管理事業の推進に関する法律第二条第三項に規定する農地中間管理事業をいう。以下同じ。）の実施により農地中間管理権又は経営受託権（同法第八条第三項第三号ロに規定する経営受託権をいう。）を取得する場合

十四の三　農地中間管理機構が引き受けた農地貸付信託（農地中間管理事業の推進に関する法律第二条第五項第二号に規定する農地貸付信託をいう。）の終了によりその委託者又はその一般承継人が所有権を取得する場合

十五　地方自治法（昭和二十二年法律第六十七号）第二百五十二条の十九第一項の指定都市（以下単に「指定都市」という。）が古都における歴史的風土の保存に関する特別措置法（昭和四十一年法律第一号）第十九条の規定に基づいてする同法第十一条第一項の規定による買入れによつて所有権を取得する場合

十六　その他農林水産省令で定める場合

2　前項の許可は、次の各号のいずれかに該当する場合には、することができない。ただし、民法第二百六十九条の二第一項の地上権又はこれと内容を同じくするその他の権利が設定され、又は移転されるとき、農業協同組合法第十条第二項に規定する事業を行う農業協同組合又は農業協同組合連合会が農地又は採草放牧地の所有者から同項の委託を受けることにより第一号に掲げる権利が取得されることとなるとき、同法第十一条の五十第一項第一号に掲げる場合において農業協同組合又は農業協同組合連合会が使用貸借による権利又は賃借権を取得するとき、並びに第一号、第二号及び第四号に掲げる場合において政令で定める相当の事由があるときは、この限りでない。

一　所有権、地上権、永小作権、質権、使用貸借による権利、賃借権若しくはその他の使用及び収益を目的とする権利を取得しようとする者又はその世帯員等の耕作又は養畜の事業に必要な機械の所有の状況、農作業に従事する者の数等からみて、これらの者がその取得後において耕作又は養畜の事業に供すべき農地及び採草放牧地の全てを効率的に利用して耕作又は養畜の事業を行うと認められない場合

二　農地所有適格法人以外の法人が前号に掲げる権利を取得しようとする場合

三　信託の引受けにより第一号に掲げる権利が取得される場合

四　第一号に掲げる権利を取得しようとする者（農地所有適格法人を除く。）又はその世帯員等がその取得後において行う耕作又は養畜の事業に必要な農作業に常時従事すると認められない場合

五　農地又は採草放牧地につき所有権以外の権原に基づいて耕作又は養畜の事業を行う者がその土地を貸し付け、又は質入れしようとする場合（当該事業を行う者又はその世帯員等の死亡又は第二条第二項各号に掲げる事由によりその土地について耕作、採草又は家畜の放牧をすることができないため一時貸し付けようとする場合、当該事業を行う者がその土地をその世帯員等に貸し付けようとする場合、その土地を水田裏作（田において稲を通常栽培する期間以外の期間稲以外の作物を栽培することをいう。以下同じ。）の目的に供するため貸し付けようとする場合及び農地所有適格法人の常時従事者たる構成員がその土地をその法人に貸し付けようとする場合を除く。）

六　第一号に掲げる権利を取得しようとする者又はその世帯員等がその取得後において行う耕作又は養畜の事業の内容並びにその農地又は採草放牧地の位置及び規模からみて、農地の集団化、農作業の効率化その他周辺の地域における農地又は採草放牧地の農業上の効率的かつ総合的な利用の確保に支障を生ずるおそれがあると認められる場合

3　農業委員会は、農地又は採草放牧地について使用貸借による権利又は賃借権が設定される場合において、次に掲げる要件の全てを満たすときは、前項（第二号及び第四号に係る部分に限る。）の規定にかかわらず、第一項の許可をすることができる。

一　これらの権利を取得しようとする者がその取得後においてその農地又は採草放牧地を適正に利用していないと認められる場合に使用貸借又は賃貸借の解除をする旨の条件が書面による契約において付されていること。

二　これらの権利を取得しようとする者が地域の農業における他の農業者との適切な役割分担の下に継続的かつ安定的に農業経営を行うと見込まれること。

三　これらの権利を取得しようとする者が法人である場合にあつては、その法人の業務を執行する役員又は農林水産省令で定める使用人（次条第一項第三号において「業務執行役員等」という。）のうち、一人以上の者がその法人の行う耕作又は養畜の事業に常時従事すると認められること。

4　農業委員会は、前項の規定により第一項の許可をしようとするときは、あらかじめ、その旨を市町村長に通知するものとする。この場合において、当該通知を受けた市町村長は、市町村の区域における農地又は採草放牧地の農業上の適正かつ総合的な利用を確保する見地から必要があると認めるときは、意見を述べることができる。

5　第一項の許可は、条件をつけてすることができる。

6　第一項の許可を受けないでした行為は、その効力を生じない。

（農地の転用の制限）

第四条　農地を農地以外のものにする者は、都道府県知事（農地又は採草放牧地の農業上の効率的かつ総合的な利用の確保に関する施策の実施状況を考慮して農林水産大臣が指定する市町村（以下「指定市町村」という。）の区域内にあつては、指定市町村の長。以下「都道府県知事等」という。）の許可を受けなければならない。ただし、次の各号のいずれかに該当する場合は、この限りでない。

一　次条第一項の許可に係る農地をその許可に係る目的に供する場合

二　国又は都道府県等（都道府県又は指定市町村をいう。以下同じ。）が、道路、農業用用排水施設その他の地域振興上又は農業振興上の必要性が高いと認められる施設であつて農林水産省令で定めるものの用に供するため、農地を農地以外のものにする場合

三　農地中間管理事業の推進に関する法律第十八条第七項の規定による公告があつた農用地利用集積等促進計画の定めるところによつて設定され、又は移転された同条第一項の権利に係る農地を当該農用地利用集積等促進計画に定める利用目的に供する場合

四　特定農山村地域における農林業等の活性化のための基盤整備の促進に関する法律第九条第一項の規定による公告があつた所有権移転等促進計画の定めるところによつて設定され、又は移転された同法第二条第三項第三号の権利に係る農地を当該所有権移転等促進計画に定める利用目的に供する場合

五　農山漁村の活性化のための定住等及び地域間交流の促進に関する法律第五条第一項の規定により作成された活性化計画（同条第四項各号に掲げる事項が記載されたものに限る。）に従つて農地を同条第二項第二号に規定する活性化事業の用に供する場合又は同法第九条第一項の規定による公告があつた所有権移転等促進計画の定めるところによつて設定され、若しくは移転された同法第五条第十項の権利に係る農地を当該所有権移転等促進計画に定める利用目的に供する場合

六　土地収用法その他の法律によつて収用し、又は使用した農地をその収用又は使用に係る目的に供する場合

七　市街化区域（都市計画法（昭和四十三年法律第百号）第七条第一項の市街化区域と定められた区域（同法第二十三条第一項の規定による協議を要する場合にあつては、当該協議が調つたものに限る。）をいう。）内にある農地を、政令で定めるところによりあらかじめ農業委員会

に届け出て、農地以外のものにする場合

八　その他農林水産省令で定める場合

2　前項の許可を受けようとする者は、農林水産省令で定めるところにより、農林水産省令で定める事項を記載した申請書を、農業委員会を経由して、都道府県知事等に提出しなければならない。

3　農業委員会は、前項の規定により申請書の提出があつたときは、農林水産省令で定める期間内に、当該申請書に意見を付して、都道府県知事等に送付しなければならない。

4　農業委員会は、前項の規定により意見を述べようとするとき（同項の申請書が同一の事業の目的に供するため三十アールを超える農地を農地以外のものにする行為に係るものであるときに限る。）は、あらかじめ、農業委員会等に関する法律（昭和二十六年法律第八十八号）第四十三条第一項に規定する都道府県機構（以下「都道府県機構」という。）の意見を聴かなければならない。ただし、同法第四十二条第一項の規定による都道府県知事の指定がされていない場合は、この限りでない。

5　前項に規定するもののほか、農業委員会は、第三項の規定により意見を述べるため必要があると認めるときは、都道府県機構の意見を聴くことができる。

6　第一項の許可は、次の各号のいずれかに該当する場合には、することができない。ただし、第一号及び第二号に掲げる場合において、土地収用法第二十六条第一項の規定による告示（他の法律の規定による告示又は公告で同項の規定による告示とみなされるものを含む。次条第二項において同じ。）に係る事業の用に供するため農地を農地以外のものにしようとするとき、第一号イに掲げる農地を農業振興地域の整備に関する法律第八条第四項に規定する農用地利用計画（以下単に「農用地利用計画」という。）において指定された用途に供するため農地以外のものにしようとするときその他政令で定める相当の事由があるときは、この限りでない。

一　次に掲げる農地を農地以外のものにしようとする場合

イ　農用地区域（農業振興地域の整備に関する法律第八条第二項第一号に規定する農用地区域をいう。以下同じ。）内にある農地

ロ　イに掲げる農地以外の農地で、集団的に存在する農地その他の良好な営農条件を備えている農地として政令で定めるもの（市街化調整区域（都市計画法第七条第一項の市街化調整区域をいう。以下同じ。）内にある政令で定める農地以外の農地にあつては、次に掲げる農地を除く。）

(1)　市街地の区域内又は市街地化の傾向が著しい区域内にある農地で政令で定めるもの

(2)　(1)の区域に近接する区域その他市街地化が見込まれる区域内にある農地で政令で定めるもの

二　前号イ及びロに掲げる農地（同号ロ(1)に掲げる農地を含む。）以外の農地を農地以外のものにしようとする場合において、申請に係る農地に代えて周辺の他の土地を供することにより当該申請に係る事業の目的を達成することができると認められるとき。

三　申請者に申請に係る農地を農地以外のものにする行為を行うために必要な資力及び信用があると認められないこと、申請に係る農地を農地以外のものにする行為の妨げとなる権利を有する者の同意を得ていないことその他農林水産省令で定める事由により、申請に係る農地の全てを住宅の用、事業の用に供する施設の用その他の当該申請に係る用途に供することが確実と認められない場合

四　申請に係る農地を農地以外のものにすることにより、土砂の流出又は崩壊その他の災害を発生させるおそれがあると認められる場合、農業

用用排水施設の有する機能に支障を及ぼすおそれがあると認められる場合その他の周辺の農地に係る営農条件に支障を生ずるおそれがあると認められる場合
五　申請に係る農地を農地以外のものにすることにより、地域における効率的かつ安定的な農業経営を営む者に対する農地の利用の集積に支障を及ぼすおそれがあると認められる場合その他の地域における農地の農業上の効率的かつ総合的な利用の確保に支障を生ずるおそれがあると認められる場合として政令で定める場合
六　仮設工作物の設置その他の一時的な利用に供するため農地を農地以外のものにしようとする場合において、その利用に供された後にその土地が耕作の目的に供されることが確実と認められないとき。
7　第一項の許可は、条件を付けてすることができる。
8　国又は都道府県等が農地を農地以外のものにしようとする場合（第一項各号のいずれかに該当する場合を除く。）においては、国又は都道府県等と都道府県知事等との協議が成立することをもつて同項の許可があつたものとみなす。
9　都道府県知事等は、前項の協議を成立させようとするときは、あらかじめ、農業委員会の意見を聴かなければならない。
10　第四項及び第五項の規定は、農業委員会が前項の規定により意見を述べようとする場合について準用する。
11　第一項に規定するもののほか、指定市町村の指定及びその取消しに関し必要な事項は、政令で定める。

（農地又は採草放牧地の転用のための権利移動の制限）
第五条　農地を農地以外のものにするため又は採草放牧地を採草放牧地以外のもの（農地を除く。次項及び第四項において同じ。）にするため、これらの土地について第三条第一項本文に掲げる権利を設定し、又は移転する場合には、当事者が都道府県知事等の許可を受けなければならない。ただし、次の各号のいずれかに該当する場合は、この限りでない。
一　国又は都道府県等が、前条第一項第二号の農林水産省令で定める施設の用に供するため、これらの権利を取得する場合
二　農地又は採草放牧地を農地中間管理事業の推進に関する法律第十八条第七項の規定による公告があつた農用地利用集積等促進計画に定める利用目的に供するため当該農用地利用集積等促進計画の定めるところによつて同条第一項の権利が設定され、又は移転される場合
三　農地又は採草放牧地を特定農山村地域における農林業等の活性化のための基盤整備の促進に関する法律第九条第一項の規定による公告があつた所有権移転等促進計画に定める利用目的に供するため当該所有権移転等促進計画の定めるところによつて同法第二条第三項第三号の権利が設定され、又は移転される場合
四　農地又は採草放牧地を農山漁村の活性化のための定住等及び地域間交流の促進に関する法律第九条第一項の規定による公告があつた所有権移転等促進計画に定める利用目的に供するため当該所有権移転等促進計画の定めるところによつて同法第五条第十項の権利が設定され、又は移転される場合
五　土地収用法その他の法律によつて農地若しくは採草放牧地又はこれらに関する権利が収用され、又は使用される場合
六　前条第一項第七号に規定する市街化区域内にある農地又は採草放牧地につき、政令で定めるところによりあらかじめ農業委員会に届け出て、農地及び採草放牧地以外のものにするためこれらの権利を取得する場合

七　その他農林水産省令で定める場合

2　前項の許可は、次の各号のいずれかに該当する場合には、することができない。ただし、第一号及び第二号に掲げる場合において、土地収用法第二十六条第一項の規定による告示に係る事業の用に供するため第三条第一項本文に掲げる権利を取得しようとするとき、第一号イに掲げる農地又は採草放牧地につき農用地利用計画において指定された用途に供するためこれらの権利を取得しようとするときその他政令で定める相当の事由があるときは、この限りでない。

一　次に掲げる農地又は採草放牧地につき第三条第一項本文に掲げる権利を取得しようとする場合

イ　農用地区域内にある農地又は採草放牧地

ロ　イに掲げる農地又は採草放牧地以外の農地又は採草放牧地で、集団的に存在する農地又は採草放牧地その他の良好な営農条件を備えている農地又は採草放牧地として政令で定めるもの（市街化調整区域内にある政令で定める農地又は採草放牧地以外の農地又は採草放牧地にあつては、次に掲げる農地又は採草放牧地を除く。）

(1)　市街地の区域内又は市街地化の傾向が著しい区域内にある農地又は採草放牧地で政令で定めるもの

(2)　(1)の区域に近接する区域その他市街地化が見込まれる区域内にある農地又は採草放牧地で政令で定めるもの

二　前号イ及びロに掲げる農地（同号ロ(1)に掲げる農地を含む。）以外の農地を農地以外のものにするため第三条第一項本文に掲げる権利を取得しようとする場合又は同号イ及びロに掲げる採草放牧地（同号ロ(1)に掲げる採草放牧地を含む。）以外の採草放牧地を採草放牧地以外のものにするためこれらの権利を取得しようとする場合において、申請に係る農地又は採草放牧地に代えて周辺の他の土地を供することにより当該申請に係る事業の目的を達成することができると認められるとき。

三　第三条第一項本文に掲げる権利を取得しようとする者に申請に係る農地を農地以外のものにする行為又は申請に係る採草放牧地を採草放牧地以外のものにする行為を行うために必要な資力及び信用があると認められないこと、申請に係る農地を農地以外のものにする行為又は申請に係る採草放牧地を採草放牧地以外のものにする行為の妨げとなる権利を有する者の同意を得ていないことその他農林水産省令で定める事由により、申請に係る農地又は採草放牧地の全てを住宅の用、事業の用に供する施設の用その他の当該申請に係る用途に供することが確実と認められない場合

四　申請に係る農地を農地以外のものにすること又は申請に係る採草放牧地を採草放牧地以外のものにすることにより、土砂の流出又は崩壊その他の災害を発生させるおそれがあると認められる場合、農業用用排水施設の有する機能に支障を及ぼすおそれがあると認められる場合その他の周辺の農地又は採草放牧地に係る営農条件に支障を生ずるおそれがあると認められる場合

五　申請に係る農地を農地以外のものにすること又は申請に係る採草放牧地を採草放牧地以外のものにすることにより、地域における効率的かつ安定的な農業経営を営む者に対する農地又は採草放牧地の利用の集積に支障を及ぼすおそれがあると認められる場合その他の地域における農地又は採草放牧地の農業上の効率的かつ総合的な利用の確保に支障を生ずるおそれがあると認められる場合として政令で定める場合

六　仮設工作物の設置その他の一時的な利用に供するため所有権を取得しようとする場合

七　仮設工作物の設置その他の一時的な利用に供するため、農地につき所有権以外の第三条第一項本文に掲げる権利を取得しようとする場合においてその利用に供された後にその土地が耕作の目的に供されることが確実と認められないとき、又は採草放牧地につきこれらの権利を取得

しようとする場合においてその利用に供された後にその土地が耕作の目的若しくは主として耕作若しくは養畜の事業のための採草若しくは家畜の放牧の目的に供されることが確実と認められないとき。

八　農地を採草放牧地にするため第三条第一項本文に掲げる権利を取得しようとする場合において、同条第二項の規定により同条第一項の許可をすることができない場合に該当すると認められるとき。

3　第三条第五項及び第六項並びに前条第二項から第五項までの規定は、第一項の場合に準用する。この場合において、同条第四項中「申請書が」とあるのは「申請書が、農地を農地以外のものにするため又は採草放牧地を採草放牧地以外のもの（農地を除く。）にするためこれらの土地について第三条第一項本文に掲げる権利を取得する行為であつて、」と、「農地を農地以外のものにする行為」とあるのは「農地又はその農地と併せて採草放牧地についてこれらの権利を取得するもの」と読み替えるものとする。

4　国又は都道府県等が、農地を農地以外のものにするため又は採草放牧地を採草放牧地以外のものにするため、これらの土地について第三条第一項本文に掲げる権利を取得しようとする場合（第一項各号のいずれかに該当する場合を除く。）においては、国又は都道府県等と都道府県知事等との協議が成立することをもつて第一項の許可があつたものとみなす。

5　前条第九項及び第十項の規定は、都道府県知事等が前項の協議を成立させようとする場合について準用する。この場合において、同条第十項中「準用する」とあるのは、「準用する。この場合において、第四項中「申請書が」とあるのは「申請書が、農地を農地以外のものにするため又は採草放牧地を採草放牧地以外のもの（農地を除く。）にするためこれらの土地について第三条第一項本文に掲げる権利を取得する行為であつて、」と、「農地を農地以外のものにする行為」とあるのは「農地又はその農地と併せて採草放牧地についてこれらの権利を取得するもの」と読み替えるものとする」と読み替えるものとする。

○　地方住宅供給公社法（昭和四十年法律第百二十四号）（抄）

（業務）

第二十一条　地方公社は、第一条の目的を達成するため、住宅の積立分譲及びこれに附帯する業務を行う。

2　前項の住宅の積立分譲とは、一定の期間内において一定の金額に達するまで定期に金銭を受け入れ、その期間満了後、受入額を超える一定額を代金の一部に充てて住宅及びその敷地を売り渡すことをいうものとし、その受入額を超える一定額の算出方法については、国土交通省令で定める。

3　地方公社は、第一条の目的を達成するため、第一項の業務のほか、次の業務の全部又は一部を行うことができる。

一　住宅の建設、賃貸その他の管理及び譲渡を行うこと。

二　住宅の用に供する宅地の造成、賃貸その他の管理及び譲渡を行うこと。

三　市街地において地方公社が行う住宅の建設と一体として商店、事務所等の用に供する施設の建設を行うことが適当である場合において、それらの用に供する施設の建設、賃貸その他の管理及び譲渡を行うこと。

四　住宅の用に供する宅地の造成と併せて学校、病院、商店等の用に供する宅地の造成を行うことが適当である場合において、それらの用に供する宅地の造成、賃貸その他の管理及び譲渡を行うこと。
五　地方公社が賃貸し、又は譲渡する住宅及び地方公社が賃貸し、又は譲渡する宅地に建設される住宅の居住者の利便に供する施設の建設、賃貸その他の管理及び譲渡を行うこと。
六　前各号に掲げる業務に附帯する業務を行うこと。
七　水面埋立事業を施行すること。
八　第一項の業務及び前各号に掲げる業務の遂行に支障のない範囲内で、委託により、住宅の建設及び賃貸その他の管理、宅地の造成及び賃貸その他の管理並びに市街地において自ら又は委託により行う住宅の建設と一体として建設することが適当である商店、事務所等の用に供する施設及び集団住宅の存する団地の居住者の利便に供する施設の建設及び賃貸その他の管理を行うこと。
4　地方公社は、公営住宅法（昭和二十六年法律第百九十三号）第四十七条第一項の規定により、設立団体以外の地方公共団体が事業主体（同法第二条第十六号の事業主体をいう。）である公営住宅（同法第二条第二号の公営住宅をいう。）又は共同施設（同法第二条第九号の共同施設をいう。）の管理を行おうとするときは、あらかじめ、設立団体の長の認可を受けなければならない。

第四十九条　次の各号のいずれかに該当する場合には、その違反行為をした地方公社の役員又は清算人は、二十万円以下の過料に処する。
一　この法律の規定により国土交通大臣、都道府県知事又は市長の認可又は承認を受けなければならない場合において、その認可又は承認を受けなかつたとき。
二　第六条第一項の規定に違反して、登記することを怠つたとき。
三　第二十一条に規定する業務以外の業務を行つたとき。
四　第三十条、第三十三条、第三十四条又は第三十八条の規定に違反したとき。
五　第三十二条の規定に違反して、財務諸表又は業務報告書を提出することを怠り、又はそれらの書類に記載すべき事項を記載せず、若しくは不実の記載をしてこれを提出したとき。
六　第三十七条の六第一項の規定に違反して、公告することを怠り、又は虚偽の公告をしたとき。
七　第三十七条の六第一項に規定する期間内に債権者に弁済したとき。
八　第三十七条の八第一項の規定に違反して、破産手続開始の申立てを怠つたとき。
九　第四十一条の規定による命令に違反したとき。

○　行政代執行法（昭和二十三年法律第四十三号）

第一条　行政上の義務の履行確保に関しては、別に法律で定めるものを除いては、この法律の定めるところによる。

第二条　法律（法律の委任に基く命令、規則及び条例を含む。以下同じ。）により直接に命ぜられ、又は法律に基き行政庁により命ぜられた行為

（他人が代つてなすことのできる行為に限る。）について義務者がこれを履行しない場合、他の手段によつてその履行を確保することが困難であり、且つその不履行を放置することが著しく公益に反すると認められるときは、当該行政庁は、自ら義務者のなすべき行為をなし、又は第三者をしてこれをなさしめ、その費用を義務者から徴収することができる。

第三条　前条の規定による処分（代執行）をなすには、相当の履行期限を定め、その期限までに履行がなされないときは、代執行をなすべき旨を、予め文書で戒告しなければならない。

② 義務者が、前項の戒告を受けて、指定の期限までにその義務を履行しないときは、当該行政庁は、代執行令書をもつて、代執行をなすべき時期、代執行のために派遣する執行責任者の氏名及び代執行に要する費用の概算による見積額を義務者に通知する。

③ 非常の場合又は危険切迫の場合において、当該行為の急速な実施について緊急の必要があり、前二項に規定する手続をとる暇がないときは、その手続を経ないで代執行をすることができる。

第四条　代執行のために現場に派遣される執行責任者は、その者が執行責任者たる本人であることを示すべき証票を携帯し、要求があるときは、何時でもこれを呈示しなければならない。

第五条　代執行に要した費用の徴収については、実際に要した費用の額及びその納期日を定め、義務者に対し、文書をもつてその納付を命じなければならない。

第六条　代執行に要した費用は、国税滞納処分の例により、これを徴収することができる。

② 代執行に要した費用については、行政庁は、国税及び地方税に次ぐ順位の先取特権を有する。

③ 代執行に要した費用を徴収したときは、その徴収金は、事務費の所属に従い、国庫又は地方公共団体の経済の収入となる。

○　行政手続法（平成五年法律第八十八号）（抄）

第三章　不利益処分

第一節　通則

（処分の基準）

第十二条　行政庁は、処分基準を定め、かつ、これを公にしておくよう努めなければならない。

2　行政庁は、処分基準を定めるに当たっては、不利益処分の性質に照らしてできる限り具体的なものとしなければならない。

（不利益処分をしようとする場合の手続）
第十三条　行政庁は、不利益処分をしようとする場合には、次の各号の区分に従い、この章の定めるところにより、当該不利益処分の名あて人となるべき者について、当該各号に定める意見陳述のための手続を執らなければならない。
一　次のいずれかに該当するとき　聴聞
イ　許認可等を取り消す不利益処分をしようとするとき。
ロ　イに規定するもののほか、名あて人の資格又は地位を直接にはく奪する不利益処分をしようとするとき。
ハ　名あて人が法人である場合におけるその役員の解任を命ずる不利益処分、名あて人の業務に従事する者の解任を命ずる不利益処分又は名あて人の会員である者の除名を命ずる不利益処分をしようとするとき。
ニ　イからハまでに掲げる場合以外の場合であって行政庁が相当と認めるとき。
二　前号イからニまでのいずれにも該当しないとき　弁明の機会の付与
2　次の各号のいずれかに該当するときは、前項の規定は、適用しない。
一　公益上、緊急に不利益処分をする必要があるため、前項に規定する意見陳述のための手続を執ることができないとき。
二　法令上必要とされる資格がなかったこと又は失われるに至ったことが判明した場合に必ずすることとされている不利益処分であって、その資格の不存在又は喪失の事実が裁判所の判決書又は決定書、一定の職に就いたことを証する当該任命権者の書類その他の客観的な資料により直接証明されたものをしようとするとき。
三　施設若しくは設備の設置、維持若しくは管理又は物の製造、販売その他の取扱いについて遵守すべき事項が法令において技術的な基準をもって明確にされている場合において、専ら当該基準が充足されていないことを理由として当該基準に従うべきことを命ずる不利益処分であってその不充足の事実が計測、実験その他客観的な認定方法によって確認されたものをしようとするとき。
四　納付すべき金銭の額を確定し、一定の額の金銭の納付を命じ、又は金銭の給付決定の取消しその他の金銭の給付を制限する不利益処分をしようとするとき。
五　当該不利益処分の性質上、それによって課される義務の内容が著しく軽微なものであるため名あて人となるべき者の意見をあらかじめ聴くことを要しないものとして政令で定める処分をしようとするとき。

（不利益処分の理由の提示）
第十四条　行政庁は、不利益処分をする場合には、その名あて人に対し、同時に、当該不利益処分の理由を示さなければならない。ただし、当該理由を示さないで処分をすべき差し迫った必要がある場合は、この限りでない。
2　行政庁は、前項ただし書の場合においては、当該名あて人の所在が判明しなくなったときその他処分後において理由を示すことが困難な事情があるときを除き、処分後相当の期間内に、同項の理由を示さなければならない。
3　不利益処分を書面でするときは、前二項の理由は、書面により示さなければならない。

第二節　聴聞

（聴聞の通知の方式）

第十五条　行政庁は、聴聞を行うに当たっては、聴聞を行うべき期日までに相当な期間をおいて、不利益処分の名あて人となるべき者に対し、次に掲げる事項を書面により通知しなければならない。

一　予定される不利益処分の内容及び根拠となる法令の条項

二　不利益処分の原因となる事実

三　聴聞の期日及び場所

四　聴聞に関する事務を所掌する組織の名称及び所在地

2　前項の書面においては、次に掲げる事項を教示しなければならない。

一　聴聞の期日に出頭して意見を述べ、及び証拠書類又は証拠物（以下「証拠書類等」という。）を提出し、又は聴聞の期日への出頭に代えて陳述書及び証拠書類等を提出することができること。

二　聴聞が終結する時までの間、当該不利益処分の原因となる事実を証する資料の閲覧を求めることができること。

3　行政庁は、不利益処分の名あて人となるべき者の所在が判明しない場合においては、第一項の規定による通知を、その者の氏名、同項第三号及び第四号に掲げる事項並びに当該行政庁が同項各号に掲げる事項を記載した書面をいつでもその者に交付する旨を当該行政庁の事務所の掲示場に掲示することによって行うことができる。この場合においては、掲示を始めた日から二週間を経過したときに、当該通知がその者に到達したものとみなす。

（代理人）

第十六条　前条第一項の通知を受けた者（同条第三項後段の規定により当該通知が到達したものとみなされる者を含む。以下「当事者」という。）は、代理人を選任することができる。

2　代理人は、各自、当事者のために、聴聞に関する一切の行為をすることができる。

3　代理人の資格は、書面で証明しなければならない。

4　代理人がその資格を失ったときは、当該代理人を選任した当事者は、書面でその旨を行政庁に届け出なければならない。

（参加人）

第十七条　第十九条の規定により聴聞を主宰する者（以下「主宰者」という。）は、必要があると認めるときは、当事者以外の者であって当該不利益処分の根拠となる法令に照らし当該不利益処分につき利害関係を有するものと認められる者（同条第二項第六号において「関係人」という。）に対し、当該聴聞に関する手続に参加することを求め、又は当該聴聞に関する手続に参加することを許可することができる。

2　前項の規定により当該聴聞に関する手続に参加する者（以下「参加人」という。）は、代理人を選任することができる。
3　前条第二項から第四項までの規定は、前項の代理人について準用する。この場合において、同条第二項及び第四項中「当事者」とあるのは、「参加人」と読み替えるものとする。

（文書等の閲覧）
第十八条　当事者及び当該不利益処分がされた場合に自己の利益を害されることとなる参加人（以下この条及び第二十四条第三項において「当事者等」という。）は、聴聞の通知があった時から聴聞が終結する時までの間、行政庁に対し、当該事案についてした調査の結果に係る調書その他の当該不利益処分の原因となる事実を証する資料の閲覧を求めることができる。この場合において、行政庁は、第三者の利益を害するおそれがあるときその他正当な理由があるときでなければ、その閲覧を拒むことができない。
2　前項の規定は、当事者等が聴聞の期日における審理の進行に応じて必要となった資料の閲覧を更に求めることを妨げない。
3　行政庁は、前二項の閲覧について日時及び場所を指定することができる。

（聴聞の主宰）
第十九条　聴聞は、行政庁が指名する職員その他政令で定める者が主宰する。
2　次の各号のいずれかに該当する者は、聴聞を主宰することができない。
一　当該聴聞の当事者又は参加人
二　前号に規定する者の配偶者、四親等内の親族又は同居の親族
三　第一号に規定する者の代理人又は次条第三項に規定する補佐人
四　前三号に規定する者であった者
五　第一号に規定する者の後見人、後見監督人、保佐人、保佐監督人、補助人又は補助監督人
六　参加人以外の関係人

（聴聞の期日における審理の方式）
第二十条　主宰者は、最初の聴聞の期日の冒頭において、行政庁の職員に、予定される不利益処分の内容及び根拠となる法令の条項並びにその原因となる事実を聴聞の期日に出頭した者に対し説明させなければならない。
2　当事者又は参加人は、聴聞の期日に出頭して、意見を述べ、及び証拠書類等を提出し、並びに主宰者の許可を得て行政庁の職員に対し質問を発することができる。
3　前項の場合において、当事者又は参加人は、主宰者の許可を得て、補佐人とともに出頭することができる。
4　主宰者は、聴聞の期日において必要があると認めるときは、当事者若しくは参加人に対し質問を発し、意見の陳述若しくは証拠書類等の提出を促し、又は行政庁の職員に対し説明を求めることができる。

5　主宰者は、当事者又は参加人の一部が出頭しないときであっても、聴聞の期日における審理を行うことができる。
6　聴聞の期日における審理は、行政庁が公開することを相当と認めるときを除き、公開しない。

（陳述書等の提出）
第二十一条　当事者又は参加人は、聴聞の期日への出頭に代えて、主宰者に対し、聴聞の期日までに陳述書及び証拠書類等を提出することができる。
2　主宰者は、聴聞の期日に出頭した者に対し、その求めに応じて、前項の陳述書及び証拠書類等を示すことができる。

（続行期日の指定）
第二十二条　主宰者は、聴聞の期日における審理の結果、なお聴聞を続行する必要があると認めるときは、さらに新たな期日を定めることができる。
2　前項の場合においては、当事者及び参加人に対し、あらかじめ、次回の聴聞の期日及び場所を書面により通知しなければならない。ただし、聴聞の期日に出頭した当事者及び参加人に対しては、当該聴聞の期日においてこれを告知すれば足りる。
3　第十五条第三項の規定は、前項本文の場合において、当事者又は参加人の所在が判明しないときにおける通知の方法について準用する。この場合において、同条第三項中「不利益処分の名あて人となるべき者」とあるのは「当事者又は参加人」と、「掲示を始めた日から二週間を経過したとき」とあるのは「掲示を始めた日から二週間を経過したとき（同一の当事者又は参加人に対する二回目以降の通知にあっては、掲示を始めた日の翌日）」と読み替えるものとする。

（当事者の不出頭等の場合における聴聞の終結）
第二十三条　主宰者は、当事者の全部若しくは一部が正当な理由なく聴聞の期日に出頭せず、かつ、第二十一条第一項に規定する陳述書若しくは証拠書類等を提出しない場合、又は参加人の全部若しくは一部が聴聞の期日に出頭しない場合には、これらの者に対し改めて意見を述べ、及び証拠書類等を提出する機会を与えることなく、聴聞を終結することができる。
2　主宰者は、前項に規定する場合のほか、当事者の全部又は一部が聴聞の期日に出頭せず、かつ、第二十一条第一項に規定する陳述書又は証拠書類等を提出しない場合において、これらの者の聴聞の期日への出頭が相当期間引き続き見込めないときは、これらの者に対し、期限を定めて陳述書及び証拠書類等の提出を求め、当該期限が到来したときに聴聞を終結することとすることができる。

（聴聞調書及び報告書）
第二十四条　主宰者は、聴聞の審理の経過を記載した調書を作成し、当該調書において、不利益処分の原因となる事実に対する当事者及び参加人の陳述の要旨を明らかにしておかなければならない。
2　前項の調書は、聴聞の期日における審理が行われた場合には各期日ごとに、当該審理が行われなかった場合には聴聞の終結後速やかに作成しなければならない。
3　主宰者は、聴聞の終結後速やかに、不利益処分の原因となる事実に対する当事者等の主張に理由があるかどうかについての意見を記載した報告書を作成し、第一項の調書とともに行政庁に提出しなければならない。
4　当事者又は参加人は、第一項の調書及び前項の報告書の閲覧を求めることができる。

（聴聞の再開）
第二十五条　行政庁は、聴聞の終結後に生じた事情にかんがみ必要があると認めるときは、主宰者に対し、前条第三項の規定により提出された報告書を返戻して聴聞の再開を命ずることができる。第二十二条第二項本文及び第三項の規定は、この場合について準用する。

（聴聞を経てされる不利益処分の決定）
第二十六条　行政庁は、不利益処分の決定をするときは、第二十四条第一項の調書の内容及び同条第三項の報告書に記載された主宰者の意見を十分に参酌してこれをしなければならない。

（審査請求の制限）
第二十七条　この節の規定に基づく処分又はその不作為については、審査請求をすることができない。

（役員等の解任等を命ずる不利益処分をしようとする場合の聴聞等の特例）
第二十八条　第十三条第一項第一号ハに該当する不利益処分に係る聴聞において第十五条第一項の通知があった場合におけるこの節の規定の適用については、名あて人である法人の役員、名あて人の業務に従事する者又は名あて人の会員である者（当該処分において解任し又は除名すべきこととされている者に限る。）は、同項の通知を受けた者とみなす。
2　前項の不利益処分のうち名あて人である法人の役員又は名あて人の業務に従事する者（以下この項において「役員等」という。）の解任を命ずるものに係る聴聞が行われた場合においては、当該処分にその名あて人が従わないことを理由として法令の規定によりされる当該役員等を解任する不利益処分については、第十三条第一項の規定にかかわらず、行政庁は、当該役員等について聴聞を行うことを要しない。

第三節　弁明の機会の付与

（弁明の機会の付与の方式）
第二十九条　弁明は、行政庁が口頭ですることを認めたときを除き、弁明を記載した書面（以下「弁明書」という。）を提出してするものとする。
2　弁明をするときは、証拠書類等を提出することができる。

（弁明の機会の付与の通知の方式）
第三十条　行政庁は、弁明書の提出期限（口頭による弁明の機会の付与を行う場合には、その日時）までに相当な期間をおいて、不利益処分の名あて人となるべき者に対し、次に掲げる事項を書面により通知しなければならない。
一　予定される不利益処分の内容及び根拠となる法令の条項
二　不利益処分の原因となる事実
三　弁明書の提出先及び提出期限（口頭による弁明の機会の付与を行う場合には、その旨並びに出頭すべき日時及び場所）

（聴聞に関する手続の準用）
第三十一条　第十五条第三項及び第十六条の規定は、弁明の機会の付与について準用する。この場合において、第十五条第三項中「第一項」とあるのは「第三十条」と、「同項第三号及び第四号」とあるのは「同条第三号」と、第十六条第一項中「前条第一項」とあるのは「第三十条」と、「同条第三項後段」とあるのは「第三十一条において準用する第十五条第三項後段」と読み替えるものとする。

○　特定非営利活動促進法（平成十年法律第七号）（抄）

（定義）
第二条　（略）
2　この法律において「特定非営利活動法人」とは、特定非営利活動を行うことを主たる目的とし、次の各号のいずれにも該当する団体であって、この法律の定めるところにより設立された法人をいう。
一　次のいずれにも該当する団体であって、営利を目的としないものであること。
イ　社員の資格の得喪に関して、不当な条件を付さないこと。
ロ　役員のうち報酬を受ける者の数が、役員総数の三分の一以下であること。
二　その行う活動が次のいずれにも該当する団体であること。
イ　宗教の教義を広め、儀式行事を行い、及び信者を教化育成することを主たる目的とするものでないこと。
ロ　政治上の主義を推進し、支持し、又はこれに反対することを主たる目的とするものでないこと。
ハ　特定の公職（公職選挙法（昭和二十五年法律第百号）第三条に規定する公職をいう。以下同じ。）の候補者（当該候補者になろうとする者を含む。以下同じ。）若しくは公職にある者又は政党を推薦し、支持し、又はこれらに反対することを目的とするものでないこと。
3・4　（略）

〈重要法令シリーズ097〉

空家対策特措法改正法〔令和５年〕
法律・新旧対照条文等

2023年11月30日　第1版第1刷発行

発行者　今井　貴
発行所　株式会社　信山社
〒113-0033 東京都文京区本郷6-2-9-102
Tel 03-3818-1019
Fax 03-3818-0344
info@shinzansha.co.jp
出版契約 No.2023-4397-0-01010　Printed in Japan

印刷　製本／亜細亜印刷　渋谷文泉閣
ISBN978-4-7972-4397-0　012-350-010 C3332
分類323.900.e097 P104. 行政法

出典：国土交通省ホームページ（https://www.mlit.go.jp/jutakukentiku/house/jutakukentiku_house_tk3_000138.html）

ジェンダー法研究　浅倉むつ子　二宮周平　責任編集

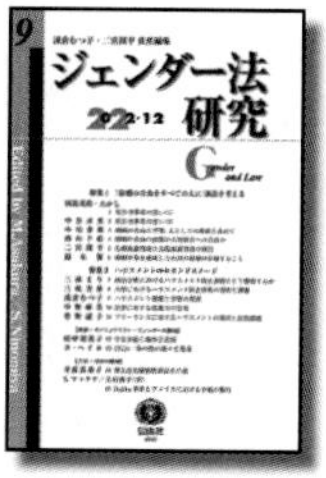

第９号　　菊変・並製・244頁　定価3, 960円（本体3, 600円+税）

特集 1「結婚の自由をすべての人に」訴訟を考える
　国見亮佑・たかし、中谷衣里、中川重徳、西山千絵、二宮周平、鈴木　賢
特集 2 ハラスメントのセカンドステージ
　三浦まり、三成美保、浅倉むつ子、中野麻美、菅野淑子
【家族・セクシュアリティ・ジェンダーの動向】田中須美子、ヨ・ヘイル
【立法・司法の動向】寺原真希子、サブリナ・シズエ・マッケナ（立石直子 訳）

法と経営研究　上村達男　金城亜紀　責任編集

第６号　　菊変・並製・154頁　定価3, 960円（本体3, 600円+税）

１ 企業法制の将来構想〔上村達男〕
２ 元経営者，法律学を学ぶ〔佐藤　剛〕
３ 明治商法史，そのきれぎれの随想〔高田晴仁〕
４ 経営者のための ESG 入門〔久世暁彦〕
【研究ノート】林　孝宗・渡部　暢、平田知広、江藤真理子　【報告】花村信也
《対　談》久野　愛・金城亜紀　【大人の古典塾　実務家にとっての教養（第３回）】近藤隆則
【コラム】大出　隆、阿部洸三

メディア法研究　鈴木秀美　責任編集

第１号　　菊変・並製・208頁　定価3, 520円（本体3, 200円+税）

特集 メディア法の回顧と展望

　鈴木秀美・横大道 聡・山田健太・西土彰一郎・成原　慧

特別企画 放送法の過去・現在・未来

【基調講演】濱田純一
【パネルディスカッション】濱田純一・宍戸常寿・曽我部真裕・本橋春紀・山田健太
【海外動向】鈴木秀美／石塚壮太郎　【立法動向】水谷瑛嗣郎

農林水産法研究　奥原正明　責任編集

第１号　　菊変・並製・124頁　定価3, 300円（本体3, 000円+税）

Ⅰ 食料・農業・農村基本法の見直しについて
１ 基本法の見直しを憂慮する〔奥原正明〕
２ 食料・農業・農村基本法の検証と新基本法について〔大泉一貫〕
Ⅱ 2022 年に制定された農林水産法について
１ 農業構造の改革〔奥原正明〕
２ 農林水産物の輸出促進〔井上龍子〕
３ 農業の基盤整備〔小嶋大造〕
４ 植物防疫〔菅原清暁〕
５ みどりの食料システム〔石井勇人〕

国際法研究　岩沢雄司 中谷和弘 責任編集

第12号　菊変・並製・248頁　定価4, 620円（本体4, 200円+税）

【執筆者】松隈　潤・新井　穣・佐藤量介・坂巻静佳・石井由梨佳・
　塩尻康太郎・望月洋佑・中谷和弘
【判例研究】玉田　大
【書評】森　肇志
【国際刑事裁判所の判例】稲角光恵・久保田隆

第11号　菊変・並製・140頁　定価3, 190円（本体2, 900円+税）

特集 ロシアのウクライナ侵略をめぐる国際法上の課題（1）

【執筆者】中谷和弘・吉川元偉・野々村海太郎・佐藤宏美・黒﨑将広・立松美也子・中島 啓

ＥＵ法研究　中西優美子 責任編集

第13号　菊変・並製・128頁　定価3, 630円（本体3, 300円+税）

【巻頭言】ＥＵにおける人権・環境デューディリジェンス立法の背景と
　考え方〔中西優美子〕
ＥＵ競争法と環境・サステナビリティ〔柳　武史〕
個人データ保護とガバメント・アクセスに関する考察〔森田清隆〕
ＥＵ・英国貿易協力協定締結後の英国著作権法制〔加納昌彦〕
【第３・４回ヨーロッパ法判例研究】
　インターチェンジフィーと日欧競争法〔林　秀弥〕
　ＥＵ予算保護のためのコンディショナリティ規則と法の支配〔中西優美子〕
【書評】濱口桂一郎著『新・ＥＵの労働法政策』〔岡村優希〕

法と哲学　井上達夫 責任編集

第９号　菊変・並製・332頁　定価4, 290円（本体3, 900円+税）

【巻頭言】ウクライナ戦争再説〔井上達夫〕

特集 結婚の法と哲学

1 〈特集〉にあたって　家族法は結婚から撤退すべきか〔山田八千子〕
2 暇人の暇な問い〔安念潤司〕
3 民法から婚姻を削除するとどうなるか〔大島梨沙〕
4 熟議的な結婚〔田村哲樹〕
5「結婚でないもの」とは何か〔池田弘乃〕
6 家族主義の再生産装置としての〈結婚〉〔堀江有里〕
【一般論説】1 人権としての国境を越えた移住の自由〔浦山聖子〕
　　　　　　2 それでも正は善に対して優先する〔田中将人〕
【書評と応答】宇野重規・森村　進・住吉雅美・江口　聡・高橋文彦・杉本俊介・湯浅正彦

環境法研究　大塚　直 責任編集

第16号

菊変・並製・314頁　定価：本体4, 180円(3, 800円+税)

特集 1 各国の再生エネルギーに関する法政策

1 イギリス（UK）の再生可能エネルギーに係る法政策〔奥　真美〕
2 ドイツにおける洋上風力発電に関する法政策動向〔勢一智子〕
3 デンマークおよびオランダにおける洋上風力発電に係る法政策〔小林　寛〕
4 台湾の洋上風力発電に係る環境影響評価制度について〔奥田進一〕

特集 2 各国の廃棄物管理制度

1 カリフォルニア州の廃棄物管理制度〔下村英嗣〕
2 韓国における資源循環体制の実施動向〔権　南希〕

【立法の動向】【1】～【3】〔大塚　直〕

【翻訳】大塚　直・石巻実穂・古賀祐二郎・蓑輪博和

環境法研究 別冊

気候変動を巡る法政策　大塚　直 編

A5変・並製・448頁　定価7, 480円(本体6, 800円+税)

大転換する気候変動対策の緊急的課題と、世界と日本の法状況を掘り下げ、
最新テーマを展開･追究する充実の「環境法研究別冊」第２弾。

持続可能性環境法学への誘い〔浅野直人先生喜寿記念〕

柳　憲一郎・大塚　直 編

菊変・並製・184頁　定価4, 180円(本体3, 800円+税)

持続可能性環境法学を問う『環境法研究別冊』。浅野直人先生の喜寿を記念して、
環境法研究の第一人者６人による注目の論文集。

医事法研究　甲斐克則 責任編集

第７号

菊変・並製・168頁　定価3, 850円(本体3, 500円+税)

第 1 部 論　説

1 再論・医療関係者の医療行為実施後の説明義務について (2)〔手嶋　豊〕

第 2 部 国内外の動向

1 講演：薬機法一部改正(2022年)に伴う医薬品等の緊急承認制度創設の意義と課題〔甲斐克則〕
2 第 52 回医事法学会研究大会〔福山好典〕
3 アメリカ合衆国連邦最高裁の人工妊娠中絶に関する判決〔新谷一朗〕
4 いわゆる「内密出産ガイドライン」について〔和泉澤千恵〕

【医事法ポイント判例研究】西山健治郎・村山淳子・峯川浩子・福山好典・永水裕子・甲斐克則

【書評】武藤眞朗・仲道祐樹・日山恵美・澁谷洋平

憲法研究　辻村みよ子 責任編集

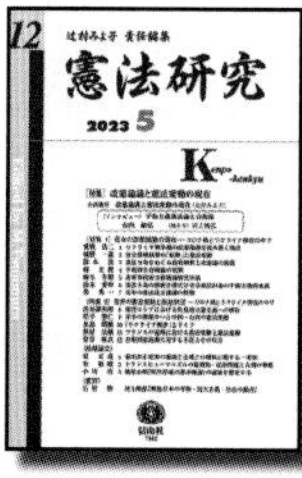

第12号　菊変・並製・276頁　定価：4, 180円（本体3, 800円+税）

特集 改憲論議と憲法変動の現在

【企画趣旨】辻村みよ子

【インタビュー】平和主義憲法論と自衛権〔山内敏弘／（聞き手）河上暁弘〕

特集１　日本の改憲論議の現在

愛敬浩二・城野一憲・鈴木　敦・稲　正樹・麻生多聞・清末愛砂・豊　秀一

特集２　世界の憲法変動と政治状況

渋谷謙次郎・松平徳仁・水島朝穂・奥村公輔・菅谷麻衣

【論説】星　正彦・朱　穎嬌・小川　亮　　【書評】石村　修

行政法研究　宇賀克也 責任編集（1～30号）　行政法研究会 編集（31号～）

第51号　菊変・並製・192頁　定価：4, 180円（本体3, 800円+税）

【巻頭言】事件記録等の保存・廃棄〔宇賀克也〕

特集 行政手続法制定 30 周年（Ⅱ）

9　行政指導〔中川丈久〕

【論説】１　国家賠償法１条が定める違法概念・再論〔米田雅宏〕

　　　　２　住民訴訟認容判決後の権利放棄の可否〔村中洋介〕

【研究ノート】「実効性」の一考察〔北村喜宣〕

【書評】宮森征司『自治体事業と公私協働』（日本評論社，2023 年）全 219 頁〔大脇成昭〕

民法研究 第2集　大村敦志 責任編集

第９号　菊変・並製・170頁　定価2, 860円（本体2, 600円+税）

第９回東アジア民事法学国際シンポジウムに参加して〔横山美夏〕

不動産の物権変動における原因行為〔金子敬明〕

物権変動の登記の効力〔横山美夏〕

日本における不動産登記手続法の概要〔石田　剛〕

動産物権変動〔阿部裕介〕